U0067103

AQUARIUS

AQUARIUS

AQUARIUS

AQUARIUS

Vision

一些人物，
一些視野，
一些觀點，
與一個全新的遠景！

說好的幸福呢？

律師娘的／愛情辯護

林靜如（律師娘）◎著

【推薦序】

在「愛」中保持「覺察」

文◎許皓宜（諮商心理師）

多年前，我開始從事婚姻諮商的工作。

某天，一位正在辦離婚官司的先生找上了我，希望仍有機會能挽救他的婚姻。我請先生邀請太太一起過來，誰知太太的回應竟是：

「律師說，官司結束前，我應該暫時不要和他碰面。」

後來，為了孩子的監護權，太太勉強和先生碰面，晤談時卻是王不見王，由律師和先生電話連線。

學諮商的我，一切惜「情」，電話線頭另一端的律師，一切則論「理」。在旁目睹這一切，心裡不免抱怨律師不願給這對夫妻最後談「情」的機會，也加深了我對法律人的刻板印象：現實，殘酷，無情（咦？）。

但這也讓我清楚知道婚姻工作的開始，在於評估這對夫妻之間，是否還存有讓關係繼續延續下去的「情」。

數年下來，我就這樣站在法律的另一端，悄悄地帶著這樣的刻板印象，默默地耕耘婚姻中「惜情」的工作……直到遇上文字裡頭充滿情感的律師娘，我知道婚姻中的「情」與「理」終有並存的希望。

《說好的幸福呢？——律師娘的愛情辯護》是律師娘的第一本書，但連同我在內的許多讀者，對她的文字卻一點都不陌生。因為「親子天下嚴選」之故，初入她的部落格時，我以為自己闖進一個小說家的世界，因為她的文字充滿溫柔，論點卻充滿啟發。細細閱讀後，我才知道文字裡頭不是漫談浮誇的兩性關係，而是充滿法律專業的故事。

婆媳、小三、爭產、搶子、家暴……這些看起來好像離我們很遙遠，卻是每天都發生在生活裡的事件，律師娘終於把它們撰文成書了，讓我意外的是，那些故事片段，卻正如同我在諮商室裡遇到的一樣熟悉，沒想到站在法律的角度詮釋，卻看到如此不同的景致。許多原本想像是不完美的婚姻結局，也許，只是另一種人生的開始而已。一口氣將這本書閱讀到末頁，闔上的同時，我忍不住嘆息，因為律師娘的思考與記錄，確實為愛情、婚姻帶來深深的震撼與啟發。

另外，讓一個專業人將專業術語描述地通俗白話，一向是件最難的事，律師娘卻也這麼做了。法律字眼在她行筆下從陌生變得親切，在我腦海中很快形成可以用在人生實務上的座右銘。

以前我常常和朋友開玩笑說：人生一定要認識一個學法律的朋友，因為你永遠不知道明天你會發生什麼事。

而身為一個重婚姻、惜感情的人，更是一定要閱讀律師娘的書，因為她幫著我們在「愛」中保持「覺察」，懂得疼惜自己，並走向真正的幸福。

【推薦序】

做自己的女主角

文◎羅明通（律師）

「律師娘講悄悄話」在Facebook上是熱門的部落格，粉絲人數高達五萬多人。而高人氣律師娘口中的精采大律師——吳存富律師（阿富），是在本人的台英國際商務法律事務所實習並執業數年後，才自行執業的。在此期間，本人大都忙於政府部門之公務及教學研究，閒瑕之餘則在馬場與二匹愛駒廝混，更曾在南北極地長程旅遊，事務所業務均由阿富協調領導，成績斐然，同事及客戶均交相讚譽。

阿富工作認真負責，自始至終，均本於同理心為當事人著想，提供貼心之服務；他對於法律問題之研究也非常透澈，曾成功為當事人聲請非常上訴，最高法院因此撤銷原判決而改判當事人無罪。阿富不僅有強烈之好奇心及正義感，且具備了一般律師所沒有之社會經驗，得以由法律以外之觀點靈活思考，在法庭論述證據之經驗法則時常具有強烈的震撼性。

我想也是因為如此，在他自行開業之後，業務發展能夠一帆風順，步步高升。現在律師業的競爭相當激烈，阿富與他的太太在紅海中打出一片天，聚焦於家事事件鑽研，至今已有相當的成績。

他的太太——律師娘，不僅幫助阿富管理事務所的日常業務，更發展自己的一片天，走上作家之路，在網路上擁有許多年輕女性的讀者。這也讓許多協助丈夫經營事業的女性看到，夫妻同心創業，女人可以不只是配角，也是女主角。誠心期待看到更多的女性像她一樣，即使站在耀眼的丈夫旁邊，也可以發光發熱，擁有自己的光芒。

律師娘之文章鞭辟入裡，文情並茂，除提供專業法律知識外，更從中窺見對人性之關懷，理性與感性兼具。今欣見律師娘將歷來之心得集結成書，嘉惠大眾，特為之序。

【推薦序】

幸福的見證，最困難，也最重要

文◎權自強（讚點子數位行銷執行長）

以前，我總覺得律師是一份很不簡單的工作，一方面要能夠同理客戶的心情，另一方面又要能夠在法庭上犀利攻防，非得要有相當深厚的功力才能夠勝任。

直到最近，我才知道有一種工作比律師更加不容易，這種工作就叫做「律師娘」。尤其是同樣具有法律背景的律師娘，白天要幫忙事務所大大小小的行政、財務、行銷工作，晚上要幫忙照顧一家老小，週末假日時可能還要加班分擔和客戶面談、寫協議書、寫訴狀等等的工作，沒有三頭六臂真的是不可能完成的。或許應該說，每個成功律師的背後，都一定有個能力超強的律師娘吧？

更加令人佩服到下巴掉下來的是，這位律師娘還能夠把多年來所觀察到的光怪陸離人性，透過生花妙筆，幻化為一個一個觸動人心、賺人熱淚的故事。

看律師娘的文章，有時就像在坐雲霄飛車，她總能在看似平凡無奇的劇情描述之中，帶出一個又一個驚心動魄的故事。

其實，婚姻本來就像坐雲霄飛車，不會永遠在高峰，也不會永遠在谷底，最刺激的地方，就在於我們永遠不曉得下一秒鐘、下個轉折，會是另外一個高峰，還是突然開始向下俯衝？

能夠一起攜手度過每個高低起伏固然很好，如果兩個人因為觀念和頻率不同，最後選擇各自走向不同的道路，也不應該有什麼是非對錯，重點是，雙方能不能好聚好散？就算不用含笑祝福對方，也可以不要滿懷遺憾或怨念。要能做到這一點，陪伴婚姻走過最後一段旅程的這個見證人，其實扮演著最重要，也是最困難的角色。

分手，從來都不是一件快樂的事。看了律師娘寫的這些故事，你會瞭解她每天的工作有多麼不容易，和那些判人生死的法官的肩頭重擔比起來，真是不遑多讓。

歡喜與悲傷，有時只是一線之隔，許多家庭都在她的見證之下，展開了一段全新的人生旅程。能夠保持同理心、不帶偏見地默默支持雙方找到真正的幸福，才是她每天最大的挑戰與責任吧！

【自序】

女人的愛，不能一廂情願

當你站得穩穩的，你就有能力，理直氣壯地要求對方用平等的方式來愛你。

那天，大律師突然感慨地說：「你知道嗎？聽過那麼多來做離婚諮詢的女性訴苦，真的覺得，女人最好還是要有獨立的經濟來源。」

這句話很觸動我的心。

早在大律師還沒成為律師的時候，我跟他一起賣火鍋、炸薯條，做了近十年老闆娘，後來當了三年家庭主婦，直到現在的律師娘，公事、家事忙著兩頭打理。

這段經歷讓我深有所感：不管是家庭主婦或職業婦女，無論處於什麼樣的身分和環境，絕不能放掉的，是自信。

我真的覺得自己很幸運，進入了這個行業，來來往往的當事人，帶給了我們太多的故事與人生啟發，讓我們的生命更加豐富而有深度。

我們看到人性最黑暗的一面，也看到人性最溫暖的那一面。

可以說，我們有幸比一般人體驗更多不同的人生，陪著當事人走過低潮的日子。

在事務所裡，聽了好多女人的心酸，許多是全職主婦，也有工作、家庭兩頭燒的女性。我非常能理解那種費盡心力卻不被認同的心情。而那麼多的案例也讓我發現，就算到了現在這個兩性平等的年代，女人，還是難以喘息。

例如，家事這種事，主婦都知道，是種「做了看不出來，不做立刻發現」的苦差事。你第一天把地掃得很乾淨，或許人家會肯定你，但從第二天起，只要地沒有保持第一天的乾淨，就是你的不盡責。

照顧孩子的辛苦與勞累大家都明白，當小孩好好的時候，人家不會稱讚你把人顧得真好，但是只要受點小傷、遭點風寒，卻要被質疑照顧有疏失。

若是少了獨立經濟來源的家庭主婦，就更有苦難言。上班賺錢，起碼可以看到存款跟升職，全職太太的升職卻只能從baby的媽、小朋友的媽到青少年的媽，最後就是個老媽子執行長，而且底下沒有可以使喚的人；當中孩子有任何差池，都是你全權負責，可謂論功行賞沒分，挨罵受累由人。

女人圖的是什麼？不就是夫小可以有個整潔清爽的環境、健康美味的飲食嗎？她不值得枕邊人一點點的鼓勵與支持嗎？

然而，卻有許多男人在吃乾抹淨後，回過頭來嫌棄糟糠妻沒見識、不長進，狠一點的還處心積慮布局脫產，深怕自己身上的積蓄在離婚的時候，被老婆分去一大半。孰不知，她為家裡省下的保母費、家事費、垃圾處理費、外食餐飲費再加計利息及勞、健保和勞退，另外計算犧牲自己生涯規劃的經濟上損失，打折還便宜了。

寫下這些故事的初衷，是想要告訴所有女人，如果你覺得身邊的人改變不了——那麼，我的朋友，該改變的就是「你」。

不要以為你與世無爭，人家就會同情你，為你著想。

如果你沒有能力自己站穩腳步，要依靠人家，你的命運就操縱在別人身上。

孩子還小時，如果你能享受這幾年父母的有效期間，儘管去吧！

孩子上學後，建議你多看書，多學習充實自己，你可以學矽谷人妻當美味大廚，你可以學J．K．羅琳當個作家，也可以當部落客分享家事小撇步，賺個廣告流量收入……但千萬不要以為，別人的不幸不會發生在你身上。

當你站得穩穩的，你就有能力，理直氣壯地要求對方用平等的方式來愛你。

目錄

Part 3 —— 暴力不是愛

LOVE & LAW

【女人心事】

讓我們一起學習愛

我們都是在愛上了以後，才開始學習愛的。

當她從精緻的骨瓷茶壺倒出琥珀色的伯爵茶汁時，濃郁的香氣立即彌漫四周，霎時，我的心情也放鬆了下來。

她輕啜一口茶，問我：「說啦，說啦！你們辦的離婚訴訟這麼多，一定有很多八卦。」

認識她這麼久，還是頭一遭見她這麼……八卦，彷彿是下午茶的輕鬆氣氛，讓她突然有了濃厚的談興。

「哪有什麼八卦？離婚的原因不外就是那些，婆媳問題、金錢觀念、外遇出軌之類的，大同小異。當然，每個當事人背後都有一段精采的故事啦！」為了保護當事人的隱私，我只列出了離婚原因排行榜的前三名讓她聞香一下。

「其實，有精采的故事也不錯。我就覺得我的婚姻一點都不精采。」她右手撐著下巴，一雙烏溜溜的眼睛轉啊轉的。

「可是來找我們諮商的當事人，婚姻生活都很不幸福，這有什麼好羨慕的？」我不以為然地說。

「起碼生活有點起伏啊！我結婚七、八年了，覺得結婚跟戀愛的對象雖然是同一個人，不過，卻像是過著兩種完全不同的人生，他也像是換了一個人。坦白說，如果讓我的人生重來一次，我不見得會嫁給他。」

她的話讓我倒抽了一口氣。她的老公我是認識的，這下我沒爆八卦，倒是她先自爆了。

❦

「你有沒有過那種期望老公『今晚不要回家』的心情啊？」她突然直視著我問。

這個問題太犀利了，讓人實在難以給出一個漂亮的答案。

「有時候，老公因為加班要深夜才會回家，我就突然有一種放颱風假賺到了的心情。」不等我回答，她便自顧自地繼續說下去，我鬆了一口氣。

「那你知道，為什麼你會有這樣的心情嗎？」我反問。

最高明的答話術，就是丟出一個新問題，讓對方自己去想答案。

「是一種輕鬆感吧！結了婚以後就會有責任心，不像戀愛的時候，只要打扮得美美的，吃喝玩樂就好。所以我下了班回到家以後，就趕著進廚房煮晚餐，因為如果常常給兩個小孩吃外食，會讓我覺得自己好像是個不負責任的媽媽。好不容易讓小孩吃完飯，洗完碗之後，又要開始洗衣服、打掃。等到家事忙完了，又要趕快哄小孩睡覺，有時候我會累得跟孩子們一起睡著了，連澡都沒有洗。就算等小孩睡著了以後，我爬起來喘息一下，也是癱在沙發上看電視，一動也不想動。我都忘記自己上次看電影或讀一本好書是什麼時候了。」

這應該是很多職業婦女的心情寫照吧！

「那老公不在，有差別嗎？老公在的話，你還可以請他幫忙做家事，不是嗎？你也能比較輕鬆啊！」我明知故問。

「算了吧！你又不是不認識他，他那大老爺的個性，回到家，褲子、襪子一脫就丟在地上，接著躺在沙發上看電視，等我煮晚餐。吃完了晚餐，第一句話就問：『有水果嗎？』我碗都沒洗，就要切水果給他吃！等我把廚房整理完，正想坐下來休息一下時，他又說：『地好像很多天沒掃了。』我覺得自己根本就像他的鐘點女傭。反倒是他加班不在家時，我就有藉口叫Pizza外送，跟著小孩看電視，而且也不會有人來跟我說地髒了、馬桶該刷了，抱怨家裡灰塵怎麼這麼多。」

我的問題像是啟動了某個開關，她幾乎是一口氣說到這裡，喝了一大口茶，緊接著繼續開口。

「還有，最討厭的是，他找東西都不是用眼睛找的，而是用嘴巴找，問我：『老婆，我的皮夾呢？』我不懂，他的皮夾、鑰匙和證件何時都歸我管了，我怎麼就不用找個人來幫我管這些東西呢？搞得現在孩子們也都學爸爸的口氣問：『媽咪，我的機器戰士呢？』」

我忍不住哈哈大笑，但同時也忍不住問：「你把你自己講得這麼重要，那你不在家時怎麼辦？如果你老公像你講的什麼都不做的話，你不在家的時候，小孩要找誰呢？」

「所以啊，每次我有事外出回家時，老公就會跟我抱怨，小孩整個晚上都在問：『把鼻，媽咪呢？』」她無奈地說。

我笑得差點沒跌坐在地上。

其實，生活中帶點幽默感，日子會過得比較輕鬆。

「你可以跟他溝通看看啊！」我鼓勵她。「以前我家那個大律師也是什麼家事都不做，連喝完的飲料都丟在桌上等我收。不過，經過我循循善誘之後，他已經進步到會幫忙掃地了。」想想，居然把「大律師掃地」這件事當作恩惠，我也太容易滿足了吧！

「他真的心甘情願幫忙做家事？」她不敢相信。

大律師以前的大男人主義，朋友們是眾所皆知的。

「也不能說心甘情願啦！他一邊掃地，還是會一邊碎念：『唉！堂堂一個大律師還不是要做家事。』不過，我都當作沒聽見。夫妻間相處就是這樣，我估計有三分之一的話，你聽到了也應該當作沒聽到，婚姻生活的美滿度可以提升百分之百喔！」

「我就是做不到啊！每次聽到讓我一肚子火的話，就忍不住回嘴，然後就要冷戰好幾天。」她無奈地撇撇嘴。

「這樣不太好。我以前聽一個朋友比喻，夫妻相處像打棒球，當對方投的是壞球時，你就應該放下球棒不要打，等對方投好球時，再對準甜蜜點打出去。」

不過，這話說得簡單，有時我自己也難免會跟大律師起爭執，但我們的默契就是——不會讓吵架的情緒延續到第二天。

大概是好久沒有如此暢所欲言了，茶水一壺壺地添，「女人心事」也愈聊愈深入。

「最煩的是，每次回我婆婆家的時候，我婆婆就念東念西的。我爸媽養我那麼大，我都不給念了，我公婆憑什麼對我挑三揀四的？」一想到這一點，她就火冒三丈。「在我嫁進去之前，可沒吃他們一口飯！我老公也杵在那兒不出聲，好像沒他的事似的，為了這件事，我已經跟他吵了很多次。你說，我要這個不能幫著我的老公幹嘛？」

我就說「婆媳問題」是婚姻的三大殺手之一吧！

「不過，我倒覺得你老公要是開口了，下場會更慘吧！」我想，結了婚的人應該都懂為什麼。

「或許吧！但是看他置身事外，我就感到很不公平。為什麼我們女人就要忍受這些事情呢？」

「沒辦法，我覺得面對婆媳問題，最好的方法就是裝聾作啞，大家都會比較愉快。」

在事務所裡，看過太多公婆影響到兒媳之間感情的案例，真的很想勸天下的公婆們，適度關心就好，只是尺度真的很難拿捏。

聊到了婆家的事，她突然話鋒一轉。

「對了，我問你喔，我們結婚時，我婆家用我老公的名字買了我們現在住的房屋，頭期款是他們出的，但是後來貸款都是我們自己付的；在現金的運用上，我的錢都拿去做生活開銷了，貸款的錢則是從他的薪資帳戶轉過去繳的，這樣對我來說不是很沒保障嗎？我每次都叫他應該把房子過戶一半給我，他一直不肯，拿他爸媽會不高興當擋箭牌，讓我很沒有安全感，這房子我應該有一半的權利吧！」

跟老公談不出個結果，她心有不甘地尋求我的支持。

「夫妻財產一般是登記誰的就是誰的，只是在離婚時，會有剩餘財產分配請求的問題。他爸媽付的頭期款是無償取得的，不用拿來分配，但是貸款的部分，如果是用他婚後賺的錢來清償，就要成為剩餘財產的分配標的了。」這類的問題，我被問過不下上百次了。

「那也不公平啊！他的父母我也有孝順到，為什麼頭期款的部分我不能分？這對於女人也太沒有保障了吧！」

第二個殺手「金錢」出現了。

「沒辦法，法律並不能解決所有的問題，跟兼顧所有的公平正義。」

「那我再問你一個問題。」她突然壓低聲量，彎腰靠近我的耳邊。

「說吧！」我也希望能做到知無不言，言無不盡。

「你跟你老公都多久做一次啊？」

「……」哎呀，這太害羞了啦！

「不好意思說啊！」她掩嘴輕笑，竟然略有大嬸婆的模樣。緊接著，卻又沉下臉來。「我和我老公……這兩年，十個手指頭拿來數都綽綽有餘了。」

救命啊！我一定得知道這種事嗎？那個畫面可別半夜出現在我夢裡。

「像這種狀況，不是聽說也可以構成離婚的原因嗎？」她問。

「呃……這會是法官判決離婚的參考因素之一沒錯，但不見得會構成判決離婚的主要原因喔。」我盡量委婉地解釋。

唉！真希望大律師快來救我。每次看他跟當事人談這些有的沒的都很輕鬆自在，怎麼輪到我自己上場就渾身不對勁？

「是喔？我也不是想離婚啦，只不過，女人總希望可以讓自己的男人寵著、愛著。次數本身並不是問題，而是我會擔心，他是不是對我沒有慾望了，只對外面的女人有興趣。」她低頭撥弄著桌上的糖罐，和剛剛的大放厥詞比起來，沮喪的聲音透出了幾分小女人的脆弱。

我想，很多人妻應該都有這樣的擔憂吧！更要不得的是，夫妻之間什麼都能溝通，就只有這點一溝通起來，到了晚上，反而更顯彆扭。

「次數」變少，到底能不能當作外遇的徵兆？這應該是個具學術價值的研究方向。

「該來的，不會因為你擔心就放過你；沒有的事，你瞎操心也沒用。還是省點心，喝你的貴婦下午茶吧！」我仰起頭將伯爵茶一飲而盡，故作瀟灑，也裝作沒看見她對於這個話題意猶未盡，而心有不甘的眼神。

為什麼女人有了婚姻，仍然會心煩意亂；男人有了婚姻，卻仍心猿意馬呢？

Part 1

第三個人

人生難免有不順利的時候，
重要的是此時陪在你身邊的人是誰，
懂你的人，不會離開。
不要再為了傷害你的人而哭泣。

他的晚歸

婚姻不只是一段關係，更是一輩子的承諾。

通常，在大律師接受民眾法律諮詢的時候，我都是隨侍在旁，大律師一聲號令，影印、茶水、判決等立馬奉上。也因為如此，往往能聽到許多當事人的動人故事。

那天，她一坐下便開口問：「律師，你知道，幸福的極致是什麼感覺嗎？」

「你說說看。」

「是恐懼。恐懼一旦失去了現在所擁有的，自己還剩下什麼……」

第一次見到她是快一年前的事了，她是朋友介紹來的。四十幾歲的她，面容尚稱清秀，但可能是長年操持家務的辛勞，忽略了保養，臉上的斑點及細紋，逐漸無情地占據了她不施脂粉的素顏。

她並沒有像一般來找律師處理離婚訴訟的婦女一樣，一邊敘述案情，一邊哭得唏哩嘩啦。反而冷靜且平淡地敘述最近的婚姻狀況。

他愈來愈常晚歸。

哄完兩個孩子睡覺後，忙了一天的她，一個人懶懶地趴在客廳沙發上看韓劇，這是很多四十歲主婦的生活寫照吧！認真地照社會期待生了兩個孩子，最好是一男一女，才不會逢人就被問：「怎麼不再生個女兒（兒子）呢？」

其實，她也算不上愛看韓劇。不過，一來是打發時間，二來可以跟得上朋友的話題，遇到同樣是全職主婦的鄰居時，總還能聊上幾句，甚至在睡覺前，上網發表一下對荒謬劇情的高見。

對她來說，這是生活中只有丈夫和孩子的她，唯一屬於自己的一點樂趣。

雖然她也很想柔情地為丈夫等門，不過不爭氣的眼皮，多數時候還是在他進門前就不知不覺地闔上了。話說回來，即使等到丈夫進門，他也是匆匆洗個澡，就疲倦地上床呼呼大睡了。

她常常會趁清晨醒來的時候，怔怔地望著丈夫熟睡的臉龐。

男人真好，隨著年齡的增長，加上事業的順遂，從兩人二十幾歲初識到現在，她覺得自己少了青春無敵，他卻多了成熟魅力。「真不公平！」她心想。

她憶起在新婚的時候，他會在此時察覺她的直視，張開眼睛翻過身來，將她壓在身下，好好地纏綿一番。不過這幾年來，或許丈夫的事業太忙碌了，她都想不起上一次他們之間的熱血沸騰是多久以前的事了。

這一晚，終於在自己入睡前等到丈夫進門。他沐浴完後，下身裹著白色浴巾，赤裸的上身沒有一塊贅肉，比起年輕時的他，似乎更加有吸引力。

等他上了床，她也跟著鑽進了被單，決定鼓起勇氣，主動向他邀約溫存。

雙手環抱著丈夫結實的腰際，臉頰也貼上了他寬闊的胸膛……然而，這樣的幸福卻只維持了一秒鐘，丈夫翻過身背對著她，立刻掙脫了她的擁抱。

那一瞬間，她第一次感受到對他的陌生感。雖然對她這年紀的女人來說，主動向丈夫求愛應該是相當需要鼓起勇氣的，但是四十幾歲的他們，一年親熱不到一次，應該算不正常吧！

「我們好久沒有親熱了耶！」她刻意將聲音放得輕柔，撒嬌似的想要掩飾自己的尷尬。

「我下班很累，沒有心情。」他的聲音平穩而冷漠，聽不到一絲的安撫與體貼。

「你每天那麼晚下班，我們都沒有自己的生活空間。乾脆你請個假，我們安排個二度蜜月，孩子請我媽幫忙帶一下，我們可以回味一下新婚夫妻的生活啊！」

這是她放在心裡好一陣子的計畫了，只是擔心影響丈夫的事業，一直沒敢跟他提議，趁著兩人隔著一層薄衣靠在一起時，她才一股腦兒地吐露出來。

「我公司的業務目前很忙，抽不出時間。」丈夫的語氣裡帶著不耐，身體還刻意挪向床鋪另一端。

「那你什麼時候才會忙完呢？我可以先開始計畫啊！」雖然他挪開身體的動作，讓她滿腔熱情被澆了一桶冷水，但她仍不死心地繼續追問。對於夫妻間最近的疏離，說她心裡不擔心，當然是騙人的。

「你怎麼那麼煩啊！你看不出我沒興趣嗎？一定要這樣厚著臉皮咄咄逼人嗎？我

一點都不想跟你做愛！」她萬萬沒想到，兩人之間這晚的對話居然會發展到這個地步，這跟自己先前所料想的完全不一樣。

或許是因為丈夫沒來由的這頓脾氣與羞辱，向來柔順的她，一反從來避免與丈夫衝突的態度，坐起身來，帶著質疑的語氣把這陣子以來的疑心，一口氣說了出來。

「你是不是外面有女人了？你晚上真的都在加班嗎？正常男人怎麼可能對老婆都沒興趣？我們也才四十幾歲而已啊！」

她不知道自己所說的這段話，居然打開了潘朵拉的盒子，盒子裡飛出的，是她遲遲不肯面對的殘酷事實。

隔天，丈夫回家特別早，帶回來的卻是一紙離婚協議書，也不和她多談，就帶著簡便的行李離家了。

其實整件事情也不能說毫無預兆，時常加班的他，這一陣子以來，常常為了芝麻小事而大發脾氣，甚至波及兩個無辜的孩子。她一直說服自己丈夫是因為工作壓力太大，現在想來，恐怕是起了異心的他耐不住性子，遷怒到他們。

「我做錯了什麼嗎？又或者我應該問：『在這場婚姻裡，我做對了什麼？』」在大律師面前侃侃而談這些不足為外人道的事情，讓她一時失了態，自顧自地喃喃自語。

他說，他太年輕時就跟她在一起了，沒想清楚自己要的是什麼。

他說，她不思長進，跟不上他的腳步。

他說，她言語乏味，不能做他心靈的伴侶。

他說，她比不上「她」的千嬌百媚，善體人意。

她能說什麼？任何的辯解有機會挽回他嗎？兩個亟需父愛的孩子都沒能挽回他壯士斷腕的意志。

一切都發生得太快。她從一個被朋友笑稱是「百年難得一見的賢妻良母」，發了瘋似的，找徵信社跟蹤、蒐證，變成了一個被丈夫背棄的女人。

然後那天，在摩鐵的車庫裡，她歇斯底里地打了小三一耳光，他卻毫不遲疑地棄下她，拉著另一個女人揚長而去。

她不記得自己是怎麼回到家的，但一如往常地，她煮了晚餐給孩子們吃，盯著他們做功課，等到把孩子們都安頓好了，她獨自在廚房洗碗的時候，看著因忙碌而忽略保養的自己，因為操持家務，雙手粗糙乾裂。

談戀愛時，他曾在冷冽冬夜裡握著幫忙取暖的這雙手，像是即將枯萎的白玫瑰，泛黃而急遽凋謝。

她忍不住衝到洗手間，看著鏡子裡的自己，臉上布滿了細紋與斑點。想起談戀愛時，他總是不自主地望著她的臉龐發呆；然而，今天看到那個女人年輕的外貌，即使自己再怎麼認真保養，也留不住那樣的青春。

「一切都是藉口吧！喜新厭舊才是真的！」說到這裡，她的情緒總算因為忿忿不平而有了起伏。

大律師問她：「你需要什麼幫助？想離婚嗎？」

「我想知道，如果我堅持不離婚，法院會強制我們離婚嗎？」她問。

「依你描述的內容，機率不太高。你們沒有法定的離婚理由，即使婚姻有破綻致不能維持，有過失的一方也不能請求與無過失的一方離婚。」

「那我懂了。」

後來，她沒再來過事務所。然而，就在我幾乎快忘了她的時候，有一天，無意間在臉書上看到他們全家出遊的照片——孩子燦爛的笑靨是無法作假的，他摟著她，一臉的意氣風發，她也笑得從容自在，看不出彼此間有一絲疙瘩。

我想，或許只有我們和介紹她來的朋友，知曉她笑顏背後的故事。

聽朋友說，他鬧了幾個月，在外面和那個女人同居，每次回家就是要催促她辦理離婚，甚至為達目的而用種種不堪的字眼羞辱她。她不知道怎麼跟孩子們解釋，卻也從不跟丈夫辯解，唯一的堅持就是不簽字。

幾個月後，他竟然和小三分手了，若無其事地回到妻子和孩子的身邊，彷彿過去的一切從未發生過。

她默默地接受了，不提一句那幾個月發生的風風雨雨，也或許這本來就是她衷心期待的。

同樣是破碎的婚姻，有人回不去了。她呢？真的回到過去了嗎？真的可以忘記嗎？真的原諒他了嗎？她怎麼建立被瓦解的信任？她完全不恨他嗎？笑顏綻放被丈夫摟著的時候，她在想什麼呢？

我沒有機會再遇到她，就算遇到了，也不可能問她這麼犀利的問題。但或許，她會和丈夫就這麼走一輩子吧！

只是，為什麼她願意不計前嫌地繼續維持這樣的婚姻呢？

「我不是為了孩子。」我記得，她當時這麼說。「對我來說，婚姻不是一段關係，而是一輩子的承諾，不管發生什麼事，不管對方是不是先放棄。」

【法律悄悄話】

⊙若一方堅持不離婚，法院可以強制判決離婚嗎？

除了民法一〇五二條第一項的「十大法定離婚事由」，目前在實務上，也會依民法第一〇五二條第二項「難以維持婚姻的破綻主義」判決離婚，例外是有過失的一方不能請求與無過失的一方判決離婚。

不說破

即使跌倒了，姿勢都要優雅一點。

她沒有掉頭就走，只是靜靜地在那棟公寓樓下，看著四樓亮燈的窗口，在夜裡，有如貓眼般殘忍地望著她。

她呆滯地回應著那貓眼的張望，黑暗中，對峙了許久，燈光終究還是熄滅了。眼淚從她臉頰上滑落。過了不知道多久，不知道用什麼方式，她回到了家中，甚至不記得自己是怎麼樣熬到天亮的。

活在她腦海中的記憶，是他一早回到家時，她抓著他的襯衫，歇斯底里地要他給一個理由。

「我不想傷害你，卻又離不開她，我真的不是有意要騙你的。」

男人說得那麼理所當然又無辜，她還以為自己是這齣八點檔連續劇中唯一的受害者。

她是在朋友有意無意的暗示下起疑心的。聽說他們最近都一起下班，還有人看到他們中午常常一起吃飯，現在外遇都不需要避嫌的嗎？也是，通姦都快要除罪化了，出軌算不上什麼不道德，說起來，她才算是他們真愛的第三者吧！

她其實有考慮過找徵信社，就跟許多的大老婆一樣，後來徵信社開價七十萬元，她著實嚇了一大跳，原來抓姦也算是個奢侈消費。她打消了念頭，倒

也不是因為高昂的費用，只是不想讓自己更難堪而已，畢竟，徵信社如果真的拍到什麼，無法承受的或許是她。

那天早晨的攤牌以後，難熬的沉默在兩人之間蔓延開來。她知道他們之間早就存在著問題，只是，她寧願像以前那樣的爭吵，也不要像這樣安靜的婚姻。

為什麼他就不能好好解決他們之間的問題，再來走下一段感情呢？

他依舊常常夜不歸營，她卻不想再問，到底他是真的加班，還是待在另一個她那裡。他和她的幸福已經結束了，「他們」的幸福卻才正要開始，如果她願意放手的話。

「我真的不甘心！」面談那一天，她猛然趴在會議桌上放聲大哭，我理解地遞出了面紙給她。

比起受傷害的她，「真愛的自由」真的比較值得保護嗎？

妨害家庭罪是很難成立的，因為要證明房間內的性行為，難度太高了，還曾發生過在兩人相處的汽車旅館內找到保險套，卻因為上面沒有小三的檢體而不起訴的案例。不過，就算起訴了，頂多也是十幾萬的罰金，外加多數是幾十萬到一百萬侵害配偶權的損害賠償，如果名下沒財產，還求償無門呢！

「所以你就打電話騷擾她？」大律師問。

她打了幾十通無聲電話給另一個「她」，雖然我不解，現在不是可以請電信公司封鎖特定的電話號碼嗎？怎麼會打了幾十通電話還沒被封鎖？

「我不知道自己還能做些什麼。」她說。

那天，因為男人一句「她是無辜的」，她失去了理智，情緒失控地瘋狂撥打那個女人的電話卻又不出聲，結果，被「無辜的她」提告刑事強制罪，並很快地被檢察官起訴了。再過幾天就是一審地方法院開庭審理的時間，她才來找律師商量。

「我真正難過的是，沒有『她』，他或許也不會再愛我了。我曾讓他那麼的醉心，現在他眼裡卻只有另一個女人，我好嫉妒、好嫉妒！那種在幸福裡的陶醉，我也曾經歷過，卻不再屬於我，可悲的是，我只能放任我們感情逝去，卻沒有任何挽回的餘地，而且因為不能責怪她，更讓我無所適從。我真的不懂自己在做些什麼？把事情愈弄愈糟……」

看她雙手撐著額頭，低聲啜泣，我心想，換作任何女人遇到像她的狀況，不見得會處理得比她好到哪裡去。

「如果你可以接受認罪協商的話，那我們就盡力爭取緩刑吧！」大律師建議。事實都擺在眼前，也只有博法官同情一途了。引用刑法第五十九條：「犯罪之情狀顯可憫恕，認科以最低度刑仍嫌過重者，得酌量減輕其刑。」向來是律師沒招之下的最後一招。

「我可以接受，電話本來就是我打的，沒什麼好否認的。」她說。有骨氣是好事，不過在這樣的狀況下，被判刑的居然是她，總教人不太吞得下這口氣。

宣判的結果，果真如法庭上的共識——緩刑兩年。

「你還會想提起妨害家庭的刑事告訴嗎？有六個月的告訴期間喔！」律師提醒她。當初她來諮詢時，律師已經跟她說過沒什麼勝算，因為實在沒什麼具體的證據。

「不，我決定離婚，然後走自己的路。」她堅定地說。

大律師欣賞地點點頭。

「他並沒有那麼好，我也沒有那麼差，沒什麼好爭的。我累了，沒有力氣去面對這些事情，也不值得我花時間和力氣去面對。」

我知道這陣子的事，已經夠她心力交瘁的了。

「即使跌倒了，姿勢都要優雅一點。」

她說得輕巧，我不說破她那紅通通的雙眼是為了哪椿。

【法律悄悄話】

⊙委託徵信業者抓姦合法嗎？

法院實務上雖然肯認配偶間貞操的蒐證權，但仍須考量行為人的目的、方式與程度，因此，並非所有配偶間的蒐證行為都不具違法性，若超越了相當的程度，仍然有構成刑事的「妨害秘密罪」的可能。

大老婆的逆襲

從頭到尾，最該死的就是那個男人了。

她是第三者，也是大老婆。

事實上，她並不認為自己是別人口中的那種「小三」或「狐狸精」。那齣大受歡迎的偶像劇裡不是這麼說的嗎？「在感情的世界裡，不被愛的那個才是第三者。」就算沒有她的存在，他和前妻遲早也要分手的，都貌合神離、同床異夢了，何必要勉強在一起呢？

所以，對於他和前妻離婚後信守承諾，娶了自己，她是一點都不會感到愧疚的，人本來就應該追求自己的幸福啊！更何況她還懷孕了，誰教他的前妻不會生，才留不住這個男人的靈魂。

雖然順利扶正了，但總是不能太囂張，她低調地和他去登記結婚，不舉行鋪張的婚禮。畢竟肚子漸漸大起來了，要是在婚禮上，新娘挺著肚子，算算時間等於留了個他當初離婚前偷吃的證據，罪證確鑿，總不能讓他萬夫所指吧！

「大老婆」的生活比想像的要無聊多了，尤其是她即將臨盆，該買的、該訂的，前幾個月都處理好了，在剩下倒數卸貨的日子裡，她每天都待在家中。

她深信，兩人新組成的這個家，才是真正美滿的家庭，一個真正充滿愛的家庭。

然而，或許是上天在嘲笑她吧！就在這最後一段待產期間，她收到了人生中的第一張刑事傳票，上面的案由寫得清清楚楚：

——**妨害家庭**

「她是怎麼知道的?!」

和他結婚之後，她盡量不公開活動，就是怕他前妻從別人口中得知自己異常大的肚子，而回頭算出受孕日期。

難道，紙就是包不住火嗎？

「你一定納悶我是怎麼知道的吧？」一通電話，打到了他和她的美滿新居。他的前妻大概也以告訴人的身分收到刑事傳票了。

「你自己想想，你和他之間的事情，除了你以外，還會有誰知道？」

原來，一切都來自於男人的陣前倒戈！他的招供，換來了前妻的諒解。難怪男人這陣子常常夜不歸營，電話鈴聲一響起，就跑到房間裡去接，藉口一堆。她大概是還不習慣正宮的生活，居然一點都沒發現這些蛛絲馬跡！

「離了婚的前妻，還可以對離婚前的通姦行為提告嗎？她現在又不是配偶！」這是她來事務所的目的，確認一下自己的「權益」，以及應該如何「自保」。

「只要是在知情後的六個月期間內，即使是離婚後，前配偶也一樣可以提告。」面對激動無比的她，大律師仍一本正經地回答。

「怎麼會這樣？怎麼會這樣！」

我想，大律師的回答應該不符合她的期待吧！她用不同的方式、不同的語調，反覆地再三確認，就是不願相信。她原以為自己已經安全上壘了。

從小三因懷孕而扶正成大老婆，卻也因為再度「偷吃」的丈夫，而讓她被前任大老婆告——最該死的就是那個男人了。

不過，從頭到尾把兩個女人耍得團團轉的那個男人，幹嘛要承認？他不是也會一起被告嗎？

是沒錯，依刑事訴訟法的規定，告訴乃論之罪（例如通姦），即使只對共犯一人提起告訴，其效力還是會及於其他共犯。也就是說，就算只告小三，通姦的配偶還是會一起成為被告。

不過，我們的刑事訴訟法也很「貼心」地設計了一個制度，就是在妨害家庭罪的告訴中，如果只對配偶撤回告訴，效力不及於相姦人。因此，在妨害家庭的案件當中，有些大老婆就會選擇單獨對配偶撤回告訴，以換得家庭的圓滿，正所謂「聯合次要敵人，打擊主要敵人」。在這種情況下，第三者還真是賠了夫人又折兵。

「通姦罪居然可以只有一個被告？這應該有邏輯上的錯誤吧！沒有他的存在，我要怎麼通姦？」她忿忿不平地抱怨。

其實，我更好奇的是，為什麼那個大老婆有辦法對前夫不計前嫌地不提告，反將了「前小三」一軍呢？難道是角色互換了，地位也跟著互換，前段婚姻的缺點成了過去，過去卻變成了美好？

「你們一定覺得我活該吧？最可惡的是，他前妻居然發存證信函到我以前的公司去，把這件事讓我的主管和同事們知道。我可以告她妨害名譽或騷擾嗎？還是妨害秘密罪呢？」

看樣子，那位前妻還滿嗆的。

「你講的這些狀況要成罪都還滿困難的。如果她說的是事實，構成妨害名譽的機率不高，而妨害秘密罪也不是在規範這種事情。」大律師也很無可奈何，他也很希望能感同身受啊！

「我就沒有什麼辦法可以對付她嗎？」她說得振振有詞，讓我搞不清楚到底誰是小三、誰是大老婆了，又好像也都是。

以前曾看過地方法院的一個判決，有位人妻得知丈夫外遇，因為氣不過而跑到小三的工作場所，對小三飆罵「不要臉」、「賤人」等侮辱的話語，被小三提告公然侮

辱罪。但是，最後士林地方法院的法官判大老婆無罪，理由是法官認為大老婆的行為是「情感表述」，屬於意見表達，因此判決她無罪。法官的判決，有時真的會隨著自己的正義感而轉彎。

「或許，你還有一線生機。」

幫小三脫罪，不知道會不會遭到大老婆的圍剿。

「目前法院實務上的見解，如果是離婚後的通姦告訴，因為已無維護家庭圓滿的必要，所以若對前配偶撤回告訴，對相姦人也會一起撤告，或許你老公的前妻沒注意到這點，只要她一對你老公撤告，你也會跟著沒事。」

和律師談過之後，她輕鬆了許多。

不管如何，妨害家庭罪充其量是罰金，民事侵害配偶權的損害賠償大多判幾十萬到一百萬，她也還賠得起。

摸摸肚裡的孩子，比起經營一段不願成為過去式的婚姻，面對這筆罰金，或許簡單得多了？

【法律悄悄話】

⊙離了婚，還能單獨撤回對前配偶「妨害家庭罪」的告訴嗎？

依刑事訴訟法第二百三十九條規定，告訴乃論之罪，對於共犯之一人告訴或撤回告訴者，其效力及於其他共犯。但妨害家庭罪之罪，對於配偶撤回告訴者，其效力不及於相姦人。

因此，配偶通常會單獨對外遇的一方撤回告訴，以求家庭的圓滿。

不過，目前實務上認為，如果離婚了就沒有家庭復合的考量，因此，離婚後對前配偶撤回告訴，效力也及於第三者，亦即一同撤告。

背叛之後

背叛不是包裝在美麗的謊言下，就不傷人。

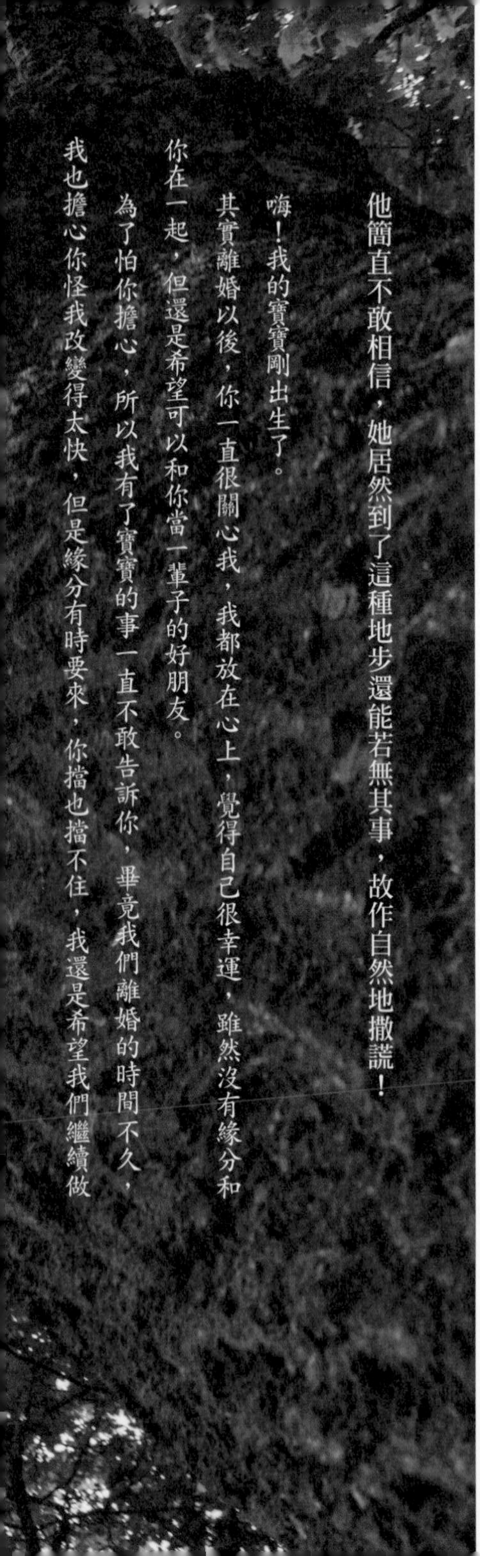

他簡直不敢相信，她居然到了這種地步還能若無其事，故作自然地撒謊！

嗨！我的寶寶剛出生了。

其實離婚以後，你一直很關心我，我都放在心上，覺得自己很幸運，雖然沒有緣分和你在一起，但還是希望可以和你當一輩子的好朋友。

為了怕你擔心，所以我有了寶寶的事一直不敢告訴你，畢竟我們離婚的時間不久，我也擔心你怪我改變得太快，但是緣分有時要來，你擋也擋不住，我還是希望我們繼續做

好朋友，也希望你能夠祝福我找到另一段感情，當然，如果你有新的對象，我也會祝福你的。

只是有件尷尬的事，要請你幫忙。最近我要去幫寶寶辦理出生登記，因為我的寶寶早產，戶政事務所說依民法婚生推定的規定，這樣寶寶將會推定是你的小孩，你說是不是很尷尬呢？

不過，我問過律師了，我們只要跑個例行的程序，進行一個婚生否認的訴訟，就可以解決這個問題。整個過程很簡單，你只要出面表示一下沒意見就好了，但還是要麻煩你當一下程序上的被告。

總之，該怎麼做，後續我會再通知你喔！

最後，在她一大串臉不紅氣不喘的連篇謊話下面，是個卡通人物瞇著一隻眼睛，右手裝可愛比「YA!」的貼圖。

他一直相信，她不是不愛他，只是不適應婚姻生活。

他一直相信，她只是需要一個人想想。

他一直相信，他們有一天會再續前緣。

直到聽說她有了身孕，他都還半信半疑，最後讓他徹底死心的，是她此地無銀三百兩的自白。

「依民法規定，因為你的前妻在離婚後不到八個月內就生產了，所以推定小孩是在離婚前就受孕了；而又因為推定受孕是在你們尚未離婚時，所以，法律上推定小孩的父親是你。」

大律師打開《六法全書》，把相關條款指給他看。

「你前妻說的也沒錯，要否認你是小孩的父親，只要提起婚生否認之訴，法官會要求驗DNA，做親子鑑定報告，依據國際通用的標準，親子關係概率值高於百分之九十九．九九以上，即視為受驗者雙方有親子血緣關係。如果有兩個以上的基因點位不合，則視為雙方無親子血緣關係。很簡單地就可以解決你被推定為父親的問題。」

坦白說，現在提起婚生否認之訴的案例很多，為什麼大家都不跟自己的老公生小孩呢？

還沒離婚時，他一直希望可以和她擁有一個孩子，或許就可以挽救兩人的婚姻，只是到了後期，她不願意和他有肌膚之親，他也只能放棄這個一廂情願的想法。

然而，拜民法「婚生推定」的規定之賜，離婚後，他才和她有了「他們的孩子」。

「這不是很明顯就是通姦嗎？我不相信孩子是早產，她應該在離婚前就懷孕了，但孩子卻不是我的，難怪她急著離婚，不願意多給我幾個月挽回！說得那麼好聽，說是為了我好，不想她的不快樂影響我一輩子幸福，說依她的完美主義，她不能當個好妻子，說離開我是因為太愛我，不要我為她擔心，甚至還去看身心科說她得了憂鬱症，騙我離婚！」

男人愈說愈激動。

「我被她騙得團團轉，還相信兩個人暫時分開，或許會讓她好起來，又給了她一筆贍養費，怕她離婚後過得不好。離婚後，我關心她，卻又不敢去看她，怕她有壓力。朋友說偶然遇到她，看見她大肚子，我幫她解釋，說她大概胖了。我一心以為我們還有復合的機會，沒想到她是因為出軌、懷孕了，才急著跟我離婚。到現在紙包不住火了，居然還要騙我是早產，不會欺人太甚嗎？她真的當我是傻子嗎？」

男人提高了音量，辦公室裡一下子鴉雀無聲，只剩轟隆隆運轉的冷氣像是應和他的怒火。

終於，大律師清清喉嚨，打破了尷尬的沉默。

「或許，她只是想要好好地處理掉這段婚姻，不想引起衝突。況且，這些內情要叫她坦承，也不是一件簡單的事，所以她才把這個秘密包裝得好好的，只是沒想到居然栽了跟頭，因為民法『婚生推定』的規定，才不得不讓你知道這件事，否則她大概想低調地躲起來把孩子生了，不要讓你知道孩子的出生日期，這件事就神不知鬼不覺了。她可能不曉得，並不是她想登記誰是小孩的父親就登記誰，等到去戶政事務所過不了關，只好回頭跟你商量，一路騙了這麼久，也只能繼續說謊下去。謊言就是如此，當你說了一個謊，常常在之後就要用無限個謊來圓。」

一時之間，大律師也不知道怎麼安慰他，說了一大串，也動搖不了他要提告妨害家庭罪的決定。

「背叛不是包裝在美麗的謊言下，就不傷人。」他說。

大律師無言以對，同樣身為男人，我想大律師也能感同身受吧！

「以現在的醫學，要知道小孩實際上是何時受孕是很簡單的事，她別想瞞天過海。我跟她已經沒什麼好說的，法庭上見吧！」長久以來被誤導的他，蓄積的憤怒可想而知。

當你一心想相信一個人，即使他說的是謊言，為了活在自己編織的美夢裡，有時再荒謬的話，你也不願意戳破；直到有一天，殘酷的事實擺在眼前，那樣的傷害更教人措手不及，毫無防備。

【法律悄悄話】

⊙到底什麼是民法的「婚生推定」呢？

民法第一〇六二條及第一〇六三條規定，從子女出生日回溯第一百八十一日起至第三百零二日止，為受胎期間。能證明受胎回溯在前項第一百八十一日以內或第三百零二日以前者，以其期間為受胎期間。妻之受胎，係在婚姻關係存續中者，推定其所生子女為婚生子女。前項推定，夫妻之一方或子女能證明子女非為婚生子女者，得提起否認之訴。

她的選擇

婚姻幸福與否，在於遇上觸礁時，你的處理方式。

記得有位作家說過：決定一個人一生成敗的，不是在起跑點，而是面臨轉折點時的選擇。

我想婚姻也是，幸福與否，不在於結婚的盛況，而是在婚姻觸礁時，你的處理方式。

她從小就是個天之驕女，求學過程順遂，大學畢業後理所當然出國念了MBA，回國後進入職場，薪水比起同屆畢業的大學同學硬是多了三十幾K。

在她身旁的追求者絡繹不絕，連別的女人殷殷期盼而不可得的浪漫求婚，也是經過男友數月的精心策劃，當然，有資格向她求婚的「他」，條件自不在話下。

不需細心計算安排，她就擁有了一個像洋娃娃般的漂亮女兒。而最教人又羨又妒的，則是已婚的身分不僅沒影響到她的職業生涯發展，甚至還在女兒五歲時，獲得了一個外派的絕佳機會。

「只要在美國分公司待個幾年，回來等著我的，就是公司內部擠破頭的高階主管位置。」

她未經過和丈夫討論，就擅自答應了公司外派，自認存的並不是實現自我的私心，而是發揮自己擅長的遠見規劃。

雖然，她只是要這個家過得更幸福，卻得不到丈夫的支持，一直到她動身之前，兩人都是處於冷戰的狀態。但她不以為意，她的決定向來都是對的，等她回來，他就能理解。

成功來得比她預計的要遲一些，但瑕不掩瑜，公司承諾要給她的都做到了，犧牲

了幾年天倫換來的這一切還算值得。
雖然她知道，丈夫還是不認同她五年前的決定。
這幾年中，每次她和女兒視訊時，叫女兒喚爸爸總喚不來，他無聲的抗議漫長地持續了五年。
還好，時空的距離淡化了這些藩籬。即使偶爾短暫回國，她也因為要進公司處理公事，可以毋須正視兩人間的隔閡。
這幾年裡，有幾度，她很想好好跟他長談，但是當時既然還沒打算回國發展，自己沒有什麼溝通的立基點，也就這樣擱著了。
其實，她對他是帶著歉疚的。
這五年來，他一個大男人隻身帶著女兒，總是會有些不便與尷尬，雖然住得不遠的婆婆也會幫忙照應，但近兩千個日子裡，他就這樣毫無選擇地做著假性的單親爸爸。
還好，就在女兒即將進入青春期的當下，她終於能回到他們身邊，讓他們有個完整的家庭。
「公司答應我的都有做到，薪水和職位甚至比當初說的還要優渥，老總還叫我繼續努力，我在公司的前途不只這樣而已。對了！今天還有獵人頭公司來找我，說能在外面幫我談到更好的條件呢！」

為了慶祝一家團聚，她提議到她出國前，全家最愛去的牛排店吃頓大餐。她一邊大啖最愛的紐約客牛排，一邊滔滔不絕地跟丈夫分享工作上的一切。女兒則是點了店家自豪的招牌蒜味薯條，她還記得出國前，當時五歲的女兒常吵著要來這裡吃薯條。

儘管她一直試圖打破僵硬的氣氛，敘述在美國發生的一些趣事，陪著笑臉，丈夫冷峻的臉依舊，連敷衍都不願意，倒是女兒在一旁咯咯笑得隔壁桌客人都側目了。也罷！她心想，五年的距離，哪有這麼簡單就拉近了？又不是像煮開水，五分鐘就沸騰了。

那晚，她刻意換上美國帶回來的名牌睡衣，等丈夫上床時，撒嬌地摟住了他。不是都這樣說的嗎？夫妻嘛，床頭吵床尾和。他卻突然翻身下床，從櫥櫃裡拿了棉被、枕頭，悶聲說：「我去睡客廳。」

看樣子要讓他氣消，恐怕不是一時半刻做得到的，反正自己現在回國了，多的是時間可以慢慢耗。她最擅長的就是解決各式各樣的問題，改天上書局找幾本夫妻相處之道的書看看，如何劈開他這座冰山。

他睡了一個禮拜的沙發，她也獨自躺了一個禮拜的雙人床。

一個星期後，擱在兩人新婚時精挑細選的實木茶几上的，是一封存證信函。

婚姻應以夫妻之共同生活為目的，誠摯相愛為基礎，台端擅自離棄家人於不顧，對家庭婚姻全無責任感，本人得依民法第一〇五二條第二項規定請求離婚，請台端儘速與本人委託之律師協議離婚事宜。

電腦列印出的信函內容，不帶任何感情，一字字地重重打在她的心上，彷彿她和他正站在家事法庭的兩端，冷酷地看著對方。

從小到大理性又冷靜的她，第一次心頭亂糟糟的，不知道該怎麼處理。她一個人在客廳怔怔地發呆，直到聽見父女兩人開門進來時的笑鬧聲，才回過神來。

結婚以來一直是如此，她的工作比丈夫忙碌，所以一直是由丈夫接送女兒。三歲以前，女兒由婆婆帶，他每天上班前把小孩送到婆婆家，下班後再從婆婆家帶回吃完晚餐的女兒。上了幼稚園，一樣是這樣的溫馨接送情，只是因為她從來沒時間煮晚餐，所以丈夫會帶女兒到外面吃完飯，再四處逛逛後回家。

想來她在美國時，父女倆的生活一樣是如此運作的。她心裡清楚，女兒跟爸爸之間是比和自己要親密許多，尤其是，她還離開了這個像是不需要她的家庭五年。

她忍耐到女兒睡著了，才找他攤牌。

「你這是什麼意思？」她手上拿著讀了又讀的存證信函，打算開始盤問丈夫。

「上面寫得很清楚！你該不會去美國五年，就看不懂中文了吧。」他嘴角帶著譏諷的笑容，雙眼卻盯著電視，看也不看她一眼。

「你要跟我離婚，為什麼？」

「虧你還是上市公司的高階主管，法律文件應該看到不要看了吧！你五年沒有履行夫妻的同居義務，依法我就是可以跟你請求離婚。」他一邊說，眼睛還是繼續盯著電視。

「當初我離開之前，一直想跟你溝通，是你用逃避的態度面對這件事情。我們分居是因為工作，我也是為了家裡的經濟，法律上都站得住腳，不要以為你矇得過我。」因為工作上的需求，談判的書她讀了不少，此時，她用的是亮出雙方的立足點，但求不敗。

「你去找我的律師談吧！」他關掉電視，躺上了沙發背對著她，不再回應。

隔天是假日，她帶女兒出去逛逛、走走，坐在百貨商場的休憩椅上，她從側面第

一次仔細端詳女兒。女兒長得像極了自己，漂亮雙眸散發著自信，即將進入青春期的她，如果知道爸媽的婚姻狀況，會不會影響到她的身心發展呢？萬一他們真的離婚了，女兒能接受嗎？女兒要跟著誰呢？

一想到這些複雜的狀況，她決定還是朝挽回婚姻的方向走，國外婚姻諮商很普遍，她上網找找，或許事情還有轉圜的餘地。

「媽，你和爸要離婚嗎？」女兒一邊舔著冰淇淋，一邊開口問她，語氣就像在問她晚餐要去哪裡吃一樣自然。

倒是她驚愕得差點說不出話來，只能勉強地吐出一句：「你爸說的？」

女兒沒有回答她的問題，自顧自地說：「反正你們都不喜歡對方，離婚我沒有關係。那個阿姨對我不錯，你不用擔心我。」

只能說，孩子突如其來的誠實，有時真的讓人招架不住。只是接下來她的追問，讓女兒驚覺大概是說錯話了，任她怎麼套，也套不出其他的蛛絲馬跡。

原來，這才是真相，他在存證信函上不可能透露的真相！

她一向精明幹練，當然知道不要打草驚蛇，蒐證最重要。不過沒用上，還真不知道徵信社的收費貴到令人咋舌，而且跟監了一個月，還沒蒐集到上得了檯面的有利證據，她倒是先收到了法院寄來的家事起訴狀及開庭通知。

「你現在的打算呢？」聽完她的「案情簡報」，大律師想先知道她自己的想法，才能做出分析跟提供法律意見。

「其實，我都上網研究過了，不過還是要跟律師確認一下我們離婚後的財產分配方式。我得分他多少財產？畢竟我比他會賺錢多了。」

不愧是在職場上叱吒風雲的女強人，談起自己的離婚訴訟沒有一絲感傷，倒是懂得先把損害範圍掌握清楚，知己知彼，百戰百勝嘛！

「你願意離婚？」大律師倒是有點詫異。

「為什麼不離？婚姻並不是人生的必需品。」她抿抿嘴唇，繼續說：「況且東西壞掉的時候，如果修理所費不貲，何不買一個新的？趁我現在還是籃面上的水果，機會多的是。」

哇！這倒是現代婚姻新解。

最後，她下了結論：「我認為，我離婚搞不好更快樂。」

於是，事情比我們預估的還簡單得多，在第一庭的調解期日，她和丈夫毫不拖泥帶水地簽下了調解筆錄，對於財產的分配，雙方的認知落差也不大。接下來，只要一方帶著調解筆錄到戶政事務所，就可以單獨進行離婚登記了。

或許，有些婚姻在名義上還沒結束時，早就實質上不存在了，只能苟延殘喘地等待著有一天，覺醒的一方鼓起勇氣去面對。

【法律悄悄話】

⊙ 分居多久之後，可以請求離婚？

我國現行民法並無類似國外的分居制度，僅能尋求民法第一〇五二條第二項的概括離婚事由，主張婚姻因有破綻難以維持，而向法院請求判決離婚。

Part 2

孩子戰爭

當愛已成往事，
我們是不是忘了，有愛才有痛。

像她一樣勇敢

當你真心想完成一件事情時，全世界都會來幫你。

一年一度的農曆春節，是許多上班族都很期待的連續假期，但是對於身為家庭主婦的她來說，婆家熱鬧的過年景象，反而是她一年一度加倍辛勞與疲憊的開始。

從除夕前一週的採買年貨，到年夜飯當晚，各房小叔回門團聚的忙進忙出，以至於大年初一的五路親戚上門拜年，甚至到大年初二，大姑、小姑回娘家，她也得張羅午餐，直到清洗完全部的碗盤，她才能夠回自己的娘家，當上半天清閒的貴婦。

對於「多年媳婦熬成婆」的婆婆，她是不敢指望了。但她曾經不止一次地跟丈夫抱怨，起碼在這些接待事務格外繁重的節慶裡，他能挽起袖子幫她一點忙，不要讓她像婆家的外籍女傭一樣被呼來喚去的，連大家守夜打麻將的消夜也要她準備。

「不想做，沒有人逼你做。」丈夫卻只是冷冰冰地丟下這句話。

每年，他都依然故我，放任她到清晨了還在清洗一大家子留下的杯盤狼藉。

這就是婚前她所崇拜的「男人的霸氣」，沒想到在婚後，卻成了徹徹底底的「大男人主義」。

自從嫁給他以後，她雖然是依丈夫的意思而辭職在家操持家務，但丈夫每個月總是只給恰好的家用，她身上除了嫁妝及婚前攢下的存款外，根本沒有額外的私房錢。就連過年的年菜，也得等丈夫發下年終獎金後，才會加碼讓她放手去採購。

她原本沒預料到丈夫在婚後竟然把財產看得這麼緊，不過轉念一想，等一歲多的女兒到了可以上幼稚園的年紀，她就要走出家庭，擁有自己的天空，不需要在家伸手看臉色。

也不知道著了什麼魔，這年過年的前一個月，她向丈夫下了最後通牒：今年除夕，要不就訂外帶年菜，要不就全家相偕外出用年夜飯，否則她除夕要罷工，大家一起沒飯吃。

他吵架一向都要占上風的，這次她刻意武裝的堅定，居然沒引發他激烈的反擊，但他

卻也沒有應允，讓她完全猜不透丈夫的決定，只有戰戰兢兢地熬到了小年夜那一天……

按照往例，早在幾個禮拜前，她就得開始搶買白鯧、烏魚子等傳統年菜放著庫存，婆婆講究的傳統，丈夫都要求她比照辦理。但這一回，她總覺得自己不能再這樣讓婆家予取予求下去，居然有勇氣跟婆家耗上了！

於是，到了小年夜的晚上，冰箱裡還是一如往常地，僅存一、兩天的家常菜夠一家人裹腹，像是過年這件事跟他們家沾不上邊似的。

這一次的僵持，丈夫遲遲未表態，也沒照往例撥出一部分年終獎金做為她準備年菜的預算，讓她有山雨欲來風滿樓的預感。她瞭解丈夫的硬脾氣——不求人，不道歉，不委曲求全。她甚至開始後悔，自己開啟了這場零和遊戲的戰局。

「等他今天開始放年假回來後，再跟他商量商量吧！」她心想。就說自己一時賭氣，明天一早就趕緊到市場補齊該有的存貨，一切照舊。

叮咚！手機的訊息提醒在這時候響了起來。

「你今天晚上把行李收一收，明天白天你就回家過年吧！既然你覺得在我們家服侍我們這麼辛苦，那就不要委屈，我們也不希罕。我和媽媽商量好了，今年過年她會張羅。她做了二、三十年，從來沒抱怨過，不需要跟媳婦低頭。」

看到手機上這串字跳出來的那一刻，她是心驚膽跳的，無論怎麼算計，她都沒算到是這種結局。這個訊息彷彿青天霹靂，要不是丈夫向來不苟言笑的性子，她還以為這是什麼玩笑或惡作劇！

「有這麼嚴重嗎？我只是表達我的想法，夫妻不就是應該互相溝通嗎？等你回來，我們再慢慢談好嗎？」她趕緊寄出回應。

「我們之間沒什麼好說的。我會跟我媽確定你出門了，我才回去。女兒留給我媽，你自己一個人走就成了。」丈夫的回覆絲毫不留餘地。

她闔上了雙眼，不敢再看這則訊息第二次。直到這一刻她才知道，她居然嫁給了一個不能接受拒絕的男人，怎麼婚前她就沖昏頭地認為這是男子氣概呢？

她咬著下唇，想想或許讓雙方冷靜一下，也是件好事，說不定過幾天自己若無其事地回來，一切又風平浪靜，反正平常婆婆也會幫忙帶女兒，就當給彼此放個假吧！否則依照丈夫的性格，她不走，他很可能真的不會回家。

沒想到這一走，她和他就再也沒有回頭的一天。

回到娘家的她，整個年假都瘋狂地傳訊息給他想溝通，但他都已讀不回，電話也不接。

按捺到年假即將結束的前一天，她實在隱忍不住，回到了婆家，沒想到婆家卻換了鎖。按了門鈴，應門的是一臉冷漠的他，她兀自越過他衝進門，看到抱著女兒的婆婆，帶著防禦性的眼神從頭到腳掃視了她，接著就別過頭去，轉身要將女兒抱回房間。

「我要帶女兒走！」她一邊說，一邊走向婆婆。

「不可能。」他一個箭步擋在兩個女人之間。

女兒似乎感覺到了這一瞬間的異常氣氛，突然大哭了起來要衝向她，卻被丈夫一把抱在懷中。

她也不知道自己哪來的勇氣，突然拿起手機，開啟攝影功能，對著過去一直以為是親密愛人的丈夫拍攝，準備蒐證。

「如果你們不讓我帶走小孩，就是妨礙我行使母親的權利，離開這裡，我們就法院見。」

或許是被傷透了的心讓她武裝起自己，事後回想那一天，她都不知道自己怎麼會突然間有這樣的舉動。

「你現在情緒激動，我們怕讓你帶走小孩會傷害到小孩，要上法院我們站得住腳。」在大公司當法務的他一時專業上身，活脫脫是在留伏筆演證據給法官看。

她知道這一回合她是敗下陣來了，為了怕女兒在拉扯中受到傷害，她決定獨自離開，儘管心中淌血，她卻沒有掉下一滴眼淚。

「律師，我想請問怎樣可以把女兒搶回來？我想，離婚是勢在必行了，我不提，他遲早也會提。但我一定要拿到女兒的監護權，從出生到現在，她都是我在照顧的，我不能沒有她。」

來諮詢的婦女多數是掉眼淚又擤鼻涕的，她卻是異常地冷靜與堅強。

「如果你確定要離婚的話，現在的做法就是提起請求離婚之訴，並一併請求法院酌定雙方對於未成年子女權利義務之行使或負擔，也就是你說的監護權。法院會依照『子女的最佳利益』，裁定由父母之一方或是雙方共同監護，並由其中一方負主要生活照顧義務，另一方則享有探視權。另外，離婚及監護權的訴訟打起來曠日費時，動輒都超過一年，我會建議你聲請『暫時處分』，請求將子女先交付由你照顧，再慢慢進行離婚及監護權的訴訟。」

她靜靜地聽著大律師的分析，還拿著紙、筆，重點式地記錄下來。

「什麼是『子女的最佳利益』呢？由誰來認定？標準又是什麼呢？」

真是聰明的女人，邏輯清晰，問的問題也切中要害。這樣聰慧的女人，為什麼會在婚姻裡跌跤呢？

「在你們進行訴訟的過程中，法院會請社工人員到你們雙方的家庭環境去做訪視報告。就我們過去的經驗來判斷，社工的訪視報告對於裁定的結果判斷，占了很重要的角色。」

大律師一句句地慢慢說明，偶爾也停下來等她用心做筆記。

「另外，實務上判斷未成年子女權利義務之行使或負擔時，經常會參考的因素還包括了：幼兒從母原則、主要照顧者原則、維持現狀原則、同性別原則等。就你的狀況而言，要拿到單獨監護或做女兒的主要照顧者，機會是很大的，只要你能提供穩定的經濟來源，最好還要有良好的家人支援系統。」

看著她低頭認真地做筆記，真讓人心疼。

「不過，目前最重要的是提出暫時處分，讓小孩先回到你身邊吧！暫時處分通常會比較快開庭，能夠讓你早一點和女兒在一起。」

接觸到許多破碎的婚姻關係之後，才漸漸發現，父母和自己的子女相處在我們看來是天經地義的事情，在某些人身上卻是無比艱難的任務，甚至是遙不可及的夢想。
她在不幸的單親媽媽中，算是極幸運的了。

聲請狀遞出不到兩個星期就開庭了，開庭當天，不意外地，她的丈夫並沒有出現。他一向是這樣獨斷獨行，自行其是的。況且，家事事件中，不友善的一方搞失蹤或藉故請假拖延訴訟的狀況，本來也屢見不鮮。

承辦的女法官卻也不是省油的燈，跟她要了丈夫的手機號碼，當庭撥電話給他。

「請問是○○○嗎？我是家事庭的○○○法官，你為什麼不來開庭？」

我們在心裡拍手叫好。當事人或許不清楚狀況，但法庭經驗豐富的我們知道，這樣會「多管閒事」、不顧自身謗譽的法官，已經沒幾個了。

不曉得對方跟法官說了什麼，只聽到法官對著話筒說了一句話：「你現在就把小孩抱過來，我等你。」實在是大快人心！

「律師，謝謝您。」抱著女兒的她掩不住欣喜，不住地跟律師道謝。

我們不敢邀功，這一舉成功的前哨戰並非我們的功勞，而是她和女兒幸運地遇到了一個果敢當責的法官。

我們知道，很多單親的父母還在親子兩隔的苦海裡浮沉。或許用心做功課的她，人自助，天就助了。不是一直有句話嗎？當你真心想完成一件事情時，全世界都會來幫你。

【法律悄悄話】

⊙什麼是暫時處分？

法院受理家事非訟事件後，於本案裁定確定前，認有必要時，得依聲請或依職權為適當之暫時處分。

也就是說，在裁定確定之前，先有個暫時的處理方式，譬如小孩先由誰照顧、對方要先給付生活費、對方應交付小孩的生活用品等等，種類非常多。

依靠

當她瞭解你不會是她這輩子的依靠，她還要這個婚姻做什麼？

「當她瞭解你不會是她這輩子的依靠，不會為了她而奮戰，她還要這個婚姻做什麼？」

大律師響亮的聲音迴盪在法院調解室的空氣裡，一字一字地敲打在她的心上，直到此時，她的眼淚才第一次撲簌簌地流下。

調解室裡，偌大桌子的另一方，坐著她的公公、婆婆、大姑，當然還有她目前法律名義上的丈夫。先前一個多小時的喧鬧，在大律師像砲彈般對空射出的這句話後，突然陷入了一陣靜默。

終於，在歷經了三個小時的馬拉松式調解之後，她的丈夫簽字了。她一直緊繃著的臉龐，總算露出了淺淺的笑。

我還記得一個月前，她在事務所內跟大律師面談時，心急如焚的模樣……

和丈夫結婚不到一年，她便懷孕了，頭一胎就是男丁，讓她覺得鬆了一口氣，之後不管想生或不想生，能生或不能生，壓力都不會太大。

和丈夫幾番討論後，她決定辭去目前的工作，在家帶小孩。聊起了那段甜蜜過往，她開心得像個孩子。

「我不想錯過孩子的成長過程，我要在家餵母奶，讓他頭好壯壯，我要看著他滿月剃髮、幫他做胎毛筆，看他會坐、會爬、會站、會走！第一句學會說的話一定要是『媽媽』！」

於是，夫妻倆為這個即將迎接的新生命取作「小壯壯」。當時開心準備迎接小壯壯到來的她，萬萬沒想過，和他之間會走到這一步。

由於她辭去工作，讓小家庭突然間少了一份收入，剛成家的他們身上的存款又不多，幾番商議以後，她聽了丈夫的話，把兩人在外租賃的小套房退租，在即將臨盆前，搬回了婆家待產。

「你帶著孩子跟媽媽在家，我也比較放心。媽媽可以幫忙帶小孩，你們也可以一起分擔家事，不管怎麼樣，你都可以比較輕鬆。我會努力賺錢，等過幾年我的事業比較穩定，我們再買房子搬出去住吧！」丈夫知道她一直擔心自己直來直往的個性，會有婆媳相處的問題，因此再三向她保證。

一個多月後，小壯壯誕生。丈夫放完陪產假就回公司上班了，從醫院回家的她，開始面對照顧嬰兒的新手媽媽生活。

一開始，她真心認為這難不倒她，早在待產的時候，她就已遍讀最暢銷的育兒書，做好充足的準備。只是，當過媽的都知道，滿月前的小孩根本就像個壞掉的鬧鐘，不定時會響起，關都關不掉。婆家是個二十多坪的老公寓，小孩半夜一哭，更是全家都被吵起床。

好幾次的夜裡，婆婆連門也沒敲，就直闖他們房間問：「小孩是怎麼了？一直哭，是不是人不舒服？還是肚子餓了？是不是母奶吃不飽？」

其實婆婆應該是一片好意，畢竟小夫妻年紀這麼輕，處於空巢期已久的婆婆，總想提點提點這對菜鳥爸媽帶小孩該有的謹慎與掛心。

不過，睡夢中再加上小孩夜裡要餵母奶，衣衫不整的她，每次遇到婆婆無預警地開門闖入房間，都會被嚇一跳。

她要求丈夫鎖門，並且為此好幾次跟他抱怨：「你跟你媽溝通一下嘛！進來前可不可以敲敲門，讓我整理一下衣服。」

但是丈夫回應：「不要你媽、我媽的，我們現在結婚了，我媽也是你媽。你們都是女人，有差嗎？我媽養了我快三十年，進我房間從來都不需要敲門的。」

多次溝通無效之下，她索性不管丈夫的抗議，自己把門鎖上。

有天夜裡，婆婆聽到了孫子劃破天際的哭聲，轉動門把想進入房間幫忙哄小孩，卻毫無防備地被鎖在門外，第一時間她感覺到一種被背叛的憤怒，於是轉身回到自己的房間，悶著被子落淚，一整晚翻來覆去就沒再睡著了。

隔天做完早餐，等媳婦上桌前，婆婆想了一整晚的台詞，準備在媳婦起床後，好好跟這兩個孩子「溝通」一下。

「你們昨天為什麼把房間門鎖起來？」

小夫妻倆好不容易手忙腳亂地幫小壯壯餵完奶、換好尿布，才坐定，就要面對一場即將展開的大戰。

一整夜睡睡醒醒，讓她精神不濟，可是望著丈夫緊閉雙唇沒有回應，直性子又嘴快的她忍不住先發難。

「媽，我們已經結婚了，我們能瞭解您對孫子的關心，但是可不可以給我們獨立的空間？不要不敲門就擅自闖進來，這樣我們會有不受尊重的感覺。」

這句話像是在餐桌上投下了一顆震撼彈，讓原已凝結的氣氛瞬間又爆炸開來。

另一頭，整夜沒睡加上一肚子火氣的婆婆，或許是惱羞成怒，也或許是掩飾一片好意卻換來受傷的不堪，忍不住站起來，提高聲量說：

「你這是什麼態度？這是對長輩該講的話嗎？生了小孩，這個家就歸你作主嗎？這房子是我跟你公公兩人一起做生意賺錢買的，我進我屋子的房間，還得敲門經過你同意？你父母難道沒有教你做人的道理嗎？」

那一瞬間，她著實被婆婆大發脾氣的樣子嚇了一跳。還沒結婚前，她在自己家向來是有話直說，跟父母認真講道理，沒想到居然三兩句話就惹得婆婆勃然大怒。

她轉頭想向丈夫求助，丈夫卻一言不發地低頭扒著稀飯，得不到援助的她，當場又下不了台，轉身就衝回房間，抱著睡得正香甜的小壯壯啜泣。

有了這樣一場前哨戰，婆媳倆接下來的戰爭更白熱化了，舉凡小壯壯的洗澡用品、衣服厚薄、餵奶時間等等，婆婆無一不插手，而且強勢的不接受辯駁，或許是因為幾個月前的那場戰爭，讓婆婆有失去主導權的不安全感，因此處處都要藉機證明她在家中的權威性。

做媳婦的她當然也知道，忤逆婆婆只會換來未來的日子更難相處，因此只好等丈夫下班後，耳提面命地請丈夫出面調停兩人的相爭。

不過，上班累了一天的丈夫，哪管得了這兩個女人的戰爭，吃完飯、洗完澡後，他捂著棉被就蒙頭呼呼大睡了。

其實，這本來也只是家常便飯的瑣事而已，家家有本難念的經，哪家沒有婆媳問題？偏偏她的心態還停留在未嫁的女兒脾氣。有一天，又跟婆婆為了小壯壯的副食品問題擦槍走火後，她趁婆婆出門買菜時，抱著小壯壯，拖了幾天的行李搬回娘家住。

娘家父母以為是小夫妻吵架，懶得涉入，他們知道女兒從小脾氣就拗，想說過幾天女兒氣消了，再叫女婿來接回去。

沒想到，等了好幾天，女婿來接的卻只是小壯壯而已。

「我媽想念小壯壯，請我抱回去讓她看看。」

娘家的媽媽心中忖度，婆婆想孫子也是人之常情，沒道理霸占著孫子，就勸女兒，先讓小壯壯讓他爸爸抱回婆家。

晚上，和丈夫約好小壯壯返家的時間到了，婆家那邊卻都沒有動靜，小壯壯並沒有被丈夫抱回來，打電話去婆家也沒人接。她著急地撥手機給正在加班的丈夫，電話都直接轉語音信箱，只好傳簡訊給他。

「為什麼小壯壯沒有抱回來？打你們家的電話都沒人接？」

沒多久，她的丈夫就回訊息了。

「我媽說，請你要看小孩就回來家裡看。小壯壯是我們家的孫子，應該留在我們家，你回來之前，小壯壯就由她帶。」

讀了丈夫的訊息，她差點沒立刻衝到婆家要人！但想想丈夫不在家，她跑到婆家，依婆婆平常的氣焰，她單槍匹馬地面對婆婆也占不了上風，萬一兩人搶抱小孩而傷到小壯壯也不好。

於是，她只好繼續傳訊息給丈夫：

「你媽憑什麼綁架我們的小孩？小孩是我生的，請她把小孩還給我，不然我就到警局報警。」

極度不滿婆家的處理方式之下，她快速發出了情緒化的訊息。

已讀不回。

接下來幾天，任憑她在手機訊息上百般發怒、懇求地軟硬兼施，就是等不到丈夫的回應，婆家電話、他的手機全都不接。

她急瘋了！將近兩個禮拜看不到小壯壯，沒有任何音訊，雖然孩子在婆家不至於有什麼安全顧慮，但自從小壯壯出生以來，她從來沒和兒子分開過。他已經會認人了，會找媽媽嗎？晚上沒媽媽陪，他好入睡嗎？每分每秒對她來說都是折磨。

於是，她忍不住跑回婆家，應門的卻是大姑。

「爸媽這陣子回台南老家去了。」大姑帶著防衛心，小心翼翼地回答。

一提到小孩，大姑站在同一陣線地說不知情，請她聯絡她丈夫。

這算什麼？她忍不住再對他發出簡訊：

「再不把小壯壯交出來，我就委託律師提告略誘罪！」

這次他只回了兩個字：「請便。」

一顆想念孩子的心像在爐火上燒，即使大律師再三勸退，她還是堅持提出離婚及監護權的訴訟，並一併聲請暫時處分及保護令，請求法院裁定小孩暫時由她負責主要生活照顧。

如大律師所預測的，婆家收到訴狀的那一刻，像是被捅了一刀的馬蜂窩般激憤不已，婆婆氣得血壓都飆高了。

這輩子沒上過法院的他們，想到第一次上法庭竟然是被自家媳婦告，開調解庭當天，浩浩蕩蕩來了四口人，倒是她，堅強地只偕同了大律師到場。

很多人以為，到法院就是來吵架的，人多勢眾，搶話比大聲。公婆、大姑及丈夫開頭的一個小時，一鼻孔出氣地全都在數落著她的不是。

最後她的丈夫丟下了一句：「做錯事的是她，她憑什麼說要離婚？」

「當她瞭解你不會是她這輩子的依靠，不會為了她而奮戰，她還要這個婚姻做什麼？」

大律師簡單的一句話，讓婆家的四個人頓時陷入了沉默。

或許，大家都明白這場角力賽不會有終了的一天，在協調完孩子共同監護及會面交往的方式後，他們的婚姻在那一天畫上了句點。

走出調解室，她對大律師說：「律師，謝謝你，事情終於結束了。」

處理離婚事件經驗豐富的大律師回答她：「離婚只是問題的開始，不是結束。」

【法律悄悄話】

⊙家事「非訟事件」的暫時處分類型有哪些？進行辦法為何？

家事非訟事件暫時處分類型及方法辦法，係司法院依家事事件法第八十五條第五項規定所訂定，列出了各式各樣在進行家事事件時，可以聲請的暫時處分類型，例如：

一、命給付未成年子女生活、教育、醫療或諮商輔導所需之各項必要費用。

二、命關係人交付未成年子女生活、教育或職業上所必需物品及證件。

三、命關係人協助完成未成年子女就醫或就學所必需之行為。

四、禁止關係人或特定人攜帶未成年子女離開特定處所或出境。

五、命給付為未成年人選任程序監理人之報酬。

六、禁止處分未成年子女之財產。

七、命父母與未成年子女相處或會面交往之方式及期間。

或許，我們都該學會如何失去

其實，她只是寂寞而已。

一開始，她只是某個晚上排隊諮詢的民眾之一，和一般四、五十歲的中年婦女並無兩樣，臉上逐漸浮出的皺紋即使畫了淡妝，依舊無所遁形，但比起其他上門求助的當事人，在她淡定的神情之中，少了愁雲慘霧，倒多了幾分從容。

我引導她坐到會議桌前，她禮貌地跟我點頭淺笑，顯現了良好的教養。

「有什麼需要我們幫忙的地方嗎？」這是大律師千篇一律的開場白。

「律師，我的兒子被綁架了。」

她開口的第一句話就讓現場空氣凝結了，我忍不住豎起了耳朵。然而，讓我覺得狐疑的是她談不上焦急的語氣，及稍顯平靜的表情。

「那……你沒去報警嗎？」說實在的，這好像不歸律師管。

「有啊！可是警察都被他們收買了，根本不受理。我跑了好幾趟警局，警察叫我找律師。」

我的第一個念頭是這年頭還有這種怪事，綁架案可以不受理，這案件可以上頭條新聞吧！不過轉念一想，來律師事務所諮詢的當事人常常信口開河，跟後來敘述的事實根本不相符，也就見怪不怪了。

「好吧！那麻煩您把案情簡單地敘述一下。」

在律師的追問之下，她慢慢道出了事情的來龍去脈。

她是個在南部小康家庭成長的純樸女孩，長相清麗、個性單純的她，一畢業就北上進入一家家族企業當助理，還懵懵懂懂地嫁給了剛接手家族事業的小開。

由於婆家希望她能學著持家，並且盡快生個孩子傳宗接代，結婚後，她就一直沒再工作，待在婆家當個乖媳婦。只是，沒有什麼社會經驗，不懂得人情世故的她，在生了一個兒子之後，因為育兒問題而和婆婆時起摩擦。

強勢的婆婆不能接受媳婦的任何質疑和挑戰，從餵母奶或配方奶，到幫孫子洗澡的時間、方式等，樣樣要依婆婆，她感覺到令人窒息的束縛鋪天蓋地而來。

尤其是剛出生的嬰兒，睡眠時間日夜顛倒又斷斷續續，初為人母的她疲憊不堪而備感壓力，每次寶寶一哭，婆婆就質疑她沒帶好小孩，語氣裡總是充滿責備與不信賴，讓她漸漸也對自己當母親的能力感到懷疑。

「你可不可以跟媽媽溝通一下，不要給我這麼多的關心與壓力？」

她嘗試向丈夫發出求救訊號，希望丈夫可以挺身而出，從中調處她和婆婆間的摩擦。但是丈夫正當在事業上衝刺的浪頭，早出晚歸，不僅無從著力，同時也覺得這是娘們間的事，不願涉入。

孤立無援的她，像是溺水卻抓不到浮木的求生者，尋求不到支持。

每天，丈夫出門之後，她常常抱著孩子在房裡哭泣，一聽到婆婆的腳步聲靠近便趕緊擦乾眼淚，擔心又惹婆婆不高興。

這樣的日子持續下去，有一天，她開始發現自己有幻聽的現象，常常聽到一些小聲音在她耳邊窸窸窣窣，指使她去做一些她本來不會做的事情。

大熱天裡，她幫幾個月大的孩子穿上一層又一層的厚重衣服；洗澡時，她把孩子放進連大人都嫌燙的熱水裡；孩子大哭時，她充耳不聞，彷彿待在另一個世界裡。

有時候，她甚至覺得自己的靈魂像是可以出竅般，站在房子的角落，看著自己的軀殼抱著啼哭的孩子，來回在房內踱步、安撫著。

終於，她認輸了。

她向丈夫提出了離婚，承認她不適應這樣的主婦生活。丈夫也不囉嗦，只要他們家的血脈不帶走，她要離開隨意。於是，一紙離婚協議書，從此斬斷了兩人的關係。

只是，她天真地以為只要協議書中約定好了，他擁有兒子的監護權，而她擁有兒子的探視權，那麼他們依舊可以用另外一種方式，繼續過著家庭生活。

沒想到離婚後不久，就傳出前夫家要移民加拿大的消息。兒子跟誰？當然不可能跟她！沒有育兒支援系統，經濟能力又只稱得上能糊口的她，早就為了逃離那個婚姻的枷鎖，而在簽署離婚協議書時，放棄了離婚可以分配的任何財產。

無力留住兒子的她，只好放任兒子跟著前夫舉家搬遷，但沒想到夫家搬到了加拿大之後，就斷絕了聯絡。她四處打聽未果，一畢業就嫁人的她，有限的社會能力也讓她不知如何求援。

於是，她來到了我們面前。

「律師，你可以幫幫我嗎？」此時，她的眼神比起剛開始進來事務所時，顯得有點渙散。

我跟律師有默契地交換了一下眼神，覺得事有蹊蹺。

依照她所描述的時程，她在二十幾歲時生下了兒子，兒子又尚年幼就被帶去了加拿大，再以現在目視的年齡往前推，那起碼是二十年前的事情了，到了這時候，她還在找兒子？

我想起她一開始談到自己在離婚前的幻聽症狀，有點懷疑這個故事的真實性有幾分。

接下來的時間，她又瑣瑣碎碎地說了一大堆，慢慢可以發現，她的敘述有很多是前後邏輯不通的，可是看她的神情，除了有點憂慮跟無助外，也沒什麼異常。

多數的時候，大律師也不打斷她，就靜靜地聽著她敘述。然而，最後大律師再度問她，需要律師幫忙做些什麼時，她又說不出個所以然。

送走她之後，我問大律師說：「她……是不是生病了？」
大律師倒是輕鬆地回答：「她只是寂寞而已。」
寂寞？什麼樣的寂寞，會讓人有這樣的舉止呢？

那天過後沒多久，她又來電找大律師。我聽大律師講了十幾分鐘的電話，大部分的時候都是在傾聽，中間則夾雜了幾句安撫的話。

等他掛上電話後，我忍不住好奇她都說了些什麼。我知道大律師一向不喜歡用電話溝通事情，因為他覺得當面講比較清楚。

因此，通常大律師和當事人在電話裡沒講兩句話，就會要對方安排時間過來面談。而且以我們多年來跟各種龍蛇雜處的人打交道的經驗，從當事人的眼神、表情及肢體動作中，常常就能猜出對方是不是在說謊，如果連律師都騙不過，在法庭上肯定要出紕漏的。

然而這一回，我很訝異他講了這麼久的電話。不過我也明白，同情不幸的人一直是他個性中溫柔的一部分。

後來，陸陸續續地，我們會在過年時收到她的賀卡，她也常常寄一些以前和兒子的合照給我們，偶爾還送來一些小禮物，像是自己醃的鹹豬肉和泡菜。更多的時候，我們收到的是一些日常問候及叨絮自己生活瑣事的小訊息，其中共同的特徵就是——她的時序總是有些紊亂，讓人搞不清楚到底是民國幾年發生的事。

我們漸漸地習慣了，或者應該說是忽略了她的存在，就像空氣一樣，可能要等有一天失去了她的訊息，才會注意到她的真實。

我不禁覺得，或許我們第一次見到她時，她說的故事有一部分是真的。在她的人生中，一定是失去了某個她無法接受失去的東西，造成她必須要活在自己編織的世界裡，才能繼續存活下去。

這也讓我深深感嘆，在我們成長過程中所受的教育，不斷在教導我們進取、努力、分享、寬恕，卻很少有人教我們如何「失去」。也因此，在進入社會後，很多人不知道如何面對失去工作、財產、朋友、愛情或其他親密關係的那一刻，而選擇走向極端的道路。

倘若在學校教育體制裡，暫且做不到，那麼也希望為人父母的，除了給孩子良好的教育環境跟經濟支援之外，能在成長的過程中陪伴他們面對，當失去生命中某些重要的東西時，要如何挺身繼續走下去。

那麼，或許我們每天在新聞上看到的悲劇，可以少一些些。

【法律悄悄話】

⊙離婚協議書中明明約定了探視權，對方卻阻撓探視怎麼辦？

可以先向法院聲請酌定與未成年子女的會面交往方式，聲請強制執行，對方如再不履行，法院得課以怠金。

當信任離開的時候

女人間的戰爭，還不都是男人的錯？

「就算要我做個不守信用的王八蛋，我也不能冒失去小孩的風險！」

她坐在會議桌對面，手上抱著兩歲的兒子，那副堅決的眼神和不容商量的口氣，讓律師嘆口氣直搖頭，但又拿她沒辦法。

我很瞭解她的不安全感。

其實，始作俑者也是他們，而這一切，都要從幾個月前的那個事件說起。

坐在她腿上的兩歲兒子，是娘家的媽媽帶大的。

她也承認自己的私心，當初兒子出生時，她藉著在娘家坐月子之便，結束產假上班後，就把兒子留給了媽媽，這樣帶著帶著，不知不覺過了兩年，兒子自然跟外婆要親得多。

一開始婆家也不介意，有人幫忙帶孫子，落得一身輕也沒有什麼不好。反正到了週末，兒子、媳婦還是會把孫子帶回婆家，讓爺爺、奶奶享受短暫的天倫之樂。

要不是她和他之間出現了裂痕，日子或許可以相安無事地好好過下去。

「為什麼老是會有女人傳一些奇奇怪怪的訊息給你？結了婚的男人，可以這樣跟人家搞曖昧嗎？」

這不是她第一次跟丈夫溝通了。為什麼他對送上門來的一些蜘蛛精、白骨精就不能斷然拒絕，要這樣讓她一顆猜疑心總是放不下呢？

「我就跟你說，那些都是同事，愛開玩笑，你幹嘛疑心病那麼重？大方一點嘛！」男人的一貫伎倆，打迷糊仗裝輕鬆。

「那為什麼你跟朋友出去時，我打電話給你，你常常都不接也不回，有時還關機。都結婚了，應該有點責任感吧！」這不是夫妻間最起碼的尊重嗎？

「那是我和我死黨之間的Men’s talk時間，你那樣奪命連環call，我多沒面子啊！就算結婚了也應該有自己的私人空間，不是嗎？」

為什麼她就不需要私人的空間？不管他解釋幾遍，她就是沒辦法理解。

這場爭執只是導火線，打從結婚以來，兩人就時常為了他還跟婚前一樣過著單身漢似的生活，而大小衝突不斷，所以她決定使出殺手鐧——離家出走，逼他把Line上的曖昧女人全部刪除，再來娘家接她。

只是等了好幾天，來的卻是想念孫子的婆婆，她不好意思拒絕，就讓婆婆把孫子帶回婆家去玩。

出乎意料的是，她被算計了，兒子回到奶奶家後，丈夫居然捎來要離婚的訊息！婆婆來接小孩時，竟然不動聲色，讓她完全沒有防備。

接下來的百般周旋，他們都不願意再交出兒子，也不讓她再見兒子，坦白說，真的有點做過頭了。

詢問律師的結果，她決定聲請暫時處分。

在家事的離婚事件中，這種情形很常見。雙方關係破裂時，小孩如果由其中一方照顧，對方在無法強行帶走的情況下，只能聲請暫時處分，暫定小孩的生活照顧狀態，再慢慢打離婚及監護權的訴訟。若是遇到不痛不癢的家事法官，再三調解及改訂庭期之下，其中一方幾個月看不到小孩也是常有的事。因此，很多人遇到離婚訴訟時，在網路上爬文，道聽塗說，就採取這種不成文的「先搶先贏」原則。

幸好，暫時處分開庭那天，在法官的曉諭之下，對方心知理虧，同意暫由女方一週照顧四天後，再交由男方照顧三天，然後以此類推，直到訴訟終結為止。

只是，事情要是這麼簡單就好了。

「麻煩大律師，可否聯絡您的當事人，今天該是女方將未成年子女交付到男方的日子，可是我們當事人等不到女方，打電話給她，她也不接。」

沒想到，到了第五天，我們卻接到了對方律師的電話催促。

本來我們以為只是聯絡上的問題，但是大律師一打她手機才響沒兩聲，她就接了。

「請律師轉達對方，要看小孩去我娘家看，小孩不能帶走。」

她的口氣帶著防備，任憑大律師怎麼勸也勸不聽。

拖了好幾個星期，眼看對方都要翻臉了，再不交出小孩，擔心對方去跟法官告狀，大律師只好約她當面討論，看能不能說動她履行調解時的承諾。

「我不同意！反正他們要看小孩，只能來我娘家看。」

眼前，她和大律師已經聊了快二十分鐘，她還是不肯鬆口，沒有一點轉圜的餘地。

「依民法新修正的規定，法官裁定監護權時，應審酌『父母之一方是否有妨礙他方對未成年子女權利義務行使負擔之行為』，即『善意父母條款』。依你目前的狀況，因為小孩一直都是你母親在照顧的，對你爭取小孩的監護權其實很有利，別把一手好牌給打輸了。」

大律師嘗試從她的角度來說服她。

「律師，你知道當時他們押著小孩不給我看，我有多擔心嗎？你知道那陣子對我來說，每一分每一秒都是折磨嗎？你知道我幾個星期沒見到小孩的日子是怎麼過的嗎？我每天都吃不下、睡不著，沒辦法好好上班，想的全都是我兒子。你們男人不像女人跟小孩的感情聯繫那麼深，搶小孩還不都是搶給自己媽媽的，自己有要帶嗎？我每天下班陪小孩看電視，睡前說故事給他聽，家裡都是教養的書，以後我的生活裡只有他。他的爸爸呢？還不是出門跟女人鬼混，小孩丟給奶奶顧。如果我把小孩交出去，律師，你可以保證他們一定會準時把小孩還我嗎？不還我，我還不是得慢慢打訴訟？那種看不到孩子的肝腸寸斷，我絕對不要再經歷一次！」

也難怪她會沒有安全感，畢竟對方當時接走小孩那招用得太狠了。

我們當然也沒辦法保證對方此後就會乖乖遵照協議，履行小孩暫時的生活照顧方式，尤其在雙方信任感已經被徹底地摧毀之後。接下來，也只能且戰且走了。

❧

「唉！奶奶擔心孫子跟外婆比較好，媳婦擔心小孩跟婆婆比較好，你們女人間的戰爭，到底什麼時候才要停止？」

大律師看多了這類的家庭糾紛，忍不住跟我抱怨。

「要不是兒子默許，老媽敢這麼做嗎？說到底，還不是你們男人的錯！」我犀利直言。

就算跟律師吵架，也不能認輸。

【法律悄悄話】

⊙「善意父母條款」對於監護權的判定，有什麼影響？

二〇一三年十二月十一日，總統公布了民法第一〇五五條之一增訂的「善意父母條款」，亦即：法院裁定監護權時，基於子女最佳利益原則，法官應審酌「父母之一方是否有妨礙他方對未成年子女權利義務行使負擔之行為」。

因此，如果父母之一方有妨礙他方對子女探視的狀況，很可能被法院審酌為不適任監護權人的參考，以杜絕長久以來的離婚訴訟中頻生「小孩先搶先贏」的弊病。

善良的包袱

她需要更多的武裝，來保護自己不再失去。

她不懂，為什麼曾經那麼親密的人，如今卻形同陌路，甚至反目成仇、對簿公堂。這不是她願意的選擇，然而對現在的她來說，善良只是包袱。她需要更多的武裝來保護自己，及保住她的女兒。

她彷彿還聞得到他躺在身邊時，淡淡的男性沐浴乳香味，但是伸手一摸，床的另一側卻空蕩蕩的。

其實，這種感覺對她來說並不陌生，從丈夫多年前到美國發展開始，許多的夜晚都是她一個人躺在雙人床上，即使是幾十萬的床，一個人睡依舊會感到孤單。

雖然，依他們的規劃——其實應該算是他的規劃，在她到美國待產生下女兒後，兩人就可以結束聚少離多的生活，只是最後她還是無法配合追逐丈夫計畫中的美國夢。她帶著女兒回到了台灣，回歸自己想要的生活，也因此，夫妻兩人的路走上了平行線，和平地在彼此的人生中退出。

但是，從簽字離婚後，她卻沒再見過兩人僅剩的唯一聯繫——他們的女兒。

雖說是白紙黑字寫上共同監護，但因為女兒從出生到今年三歲多為止，週間一直都是她前婆婆在照顧的，假日他們才會帶回家，雖然離婚了，她想做不成夫妻，還是可以一起做好父母的角色，就暫且讓前婆婆繼續照顧女兒。反正過不久女兒也要上幼兒園，到時再和前夫商議女兒新的生活照護方式。

但就在離婚後的第一週，她打電話回前婆家表示要回去接女兒時，婆婆卻斷然拒絕。被掛掉電話的感覺，是一種被排拒的感受，特別是來自曾經如此接近的親人，她像是突然被丟到深不可測的井裡，任憑她怎麼吶喊、哭泣，根本都不會有人聽見。

「你媽不讓我看女兒。」第一次將「媽」改成「你媽」時，說得很拗口，不過她還是勉強自己，透過話筒刻意說了出來，畢竟這是以後她得習慣的稱謂。

「女兒以後跟你沒關係了，我跟媽說好了，媽會照顧她。」看樣子還不習慣新稱謂的是他，不過他冷漠的語氣提醒了她，不需要再對未來有任何幻想。

「我們離婚時，不是說好共同監護嗎？」她納悶怎麼有人可以翻臉跟翻書一樣，轉瞬間就不認帳。

「我們會向法院聲請單獨監護。」又是如出一轍地不等她回應就掛掉電話，再一次，她覺得自己像被推落入深井裡。

這一切都不打緊，她聽說過「幼兒從母」和「善意父母」原則。女兒還小，而她是母親，加上對方現在拒絕讓他探視，要開戰的話，她相信自己的贏面不小，但她還是想先見到女兒。

離婚後，他回去跟自己的媽媽同住，女兒也如離婚協議所約定的由他們負主要的生活照顧義務，假日再由她帶回去照顧，並且不能帶去美國長住，讓她見不到小孩。

一切本來可以好好落幕的，為什麼他們卻要出爾反爾呢？

她到他家按了門鈴，沒有人應門，她無可奈何。接下來打的電話，他們索性不接了。跑去前夫公司，公司裡的同仁有默契地封口說他出國了，聯繫不上。

比掛掉電話更讓人難受的，就是失去信息！

熬了多日，她實在承受不了對女兒的思念，只好求助於他的親戚，那個一直以來都把她視作自己人的二姨。

「他們把她帶去美國了。」捨不得她的心急如焚，他的二姨只好窩裡反，說出了實話。

人怎麼可以一瞬間就變得如此薄情寡義？當初，是他保證共同監護，不影響她對小孩的一切權利和義務，她才捨得放掉這段婚姻的。難道他們不知道，一個母親失去孩子的傷痛，足以讓她做出任何毀滅世界的事！

或許她真的是瘋狂了，一想到可能一輩子都見不到孩子，怎能不教她失去理智！

她報警了，提出「略誘罪」的刑事告訴——對前夫和前婆婆，那曾被她視如己親，卻傷她傷得比誰都重的人。

違反道德的人，就應該用違反道德的方式來對待。

她細細讀著網路上查來的資料，確認了自己的勝算。

這一戰，她不能輸。

果然是打蛇打七寸，收到傳票後，前夫和婆婆或許是跟律師討論過戰略，迅速將女兒帶回了台灣，並透過律師安排她和女兒會面。一定要到這個地步，才能體會她有多痛嗎？

在法庭上，她冷眼看著對造律師虎虎生風地極力幫他們辯護。從頭到尾，她都沒有委託律師，只諮詢大律師的意見，一路自己走過來。反正在刑事審理程序中，檢察官會擔任公訴人，她只要不說話，他們就夠手忙腳亂了。

宣示一審判決主文的那天，她抱著女兒，上網查了判決結果。

他和他的母親犯了刑法第二百四十二條第一項，「移送被誘人出中華民國領域外」罪刑，各處有期徒刑二年。

她知道自己從井裡爬出來了。然而，看著推她下井的他們，眼淚卻忍不住掉下來。女兒懂事的時候，這該是她要怎樣面對的一個故事？

【法律悄悄話】

⊙什麼叫做「略誘罪」？判刑重嗎？

刑法第二百四十一條第一項規定：「略誘未滿二十歲之男女，脫離家庭或其他有監督權之人者，處一年以上七年以下有期徒刑。」

同法第二百四十二條第一項規定：「移送前二條之被誘人出中華民國領域外者，處無期徒刑或七年以上有期徒刑。」

另依最高法院的見解：「本罪在保護家庭間之圓滿關係，及家長或其他有監督權人之監督權，並未就犯罪主體設有限制，解釋上享有親權之人，仍得為該罪之犯罪主體，即於有數監督權人之情形下，若有監督權之一方出於惡意之私圖，對於未滿二十歲之被誘人施用強暴、脅迫或詐術等不正手段而將被誘人置於一己實力支配下，使其脫離其他有監督權人之監督，仍不當然排除該條項之適用。」

最珍貴的禮物

永遠都別忘了，你所擁有的那份最珍貴的寶藏。

分手已經兩年多了，明知道自己不應該再關注他的ＦＢ近況，但她就是無法下定決心封鎖他。她也說不出為什麼，難道是心裡還沒放下他嗎？

「當然不是！我要是還愛著他，我就是豬八戒。」

面對姊妹淘的質疑，她總是否認，卻無法跟自己解釋，為什麼每次看到他的動態消息，就禁不住心跳漏了一拍。

「當初在家事法庭上，他還振振有詞地說只想要孩子，對愛情已經沒有期望了。鬼話連篇！他永遠都是出一張嘴。當初我怎麼會瞎了眼睛？任憑他灌點迷湯就不小心跟他有了小孩，搞得現在自己要像他一樣結交新歡都有阻礙。」

看著臉書上跳出他和另一個女人曬恩愛的閃光照，她喃喃自語地抱怨。

女人哪，真的每一步都要走得很小心，以免一步錯，步步錯。

她是兩性話題部落格的作家，本來自由自在，一個人想去哪裡玩就去哪裡玩，卻因為他的闖入，人生有了巨大的改變。

瘋狂和他墜入情網後不久，原本一個人住，變成了兩個人住，然後因為一次酒後意亂情迷的不小心，兩個人住的生活變成了「二加一」。

只能說她真的好傻、好天真，竟然相信男人說的，等他經濟好轉之後，再給她一個女王般的婚禮，於是他們的婚事就這樣一年年耽擱了下來。

「真是蠢豬一隻。」

後來回想起來，她常常這樣咒罵自己，怎麼就不懂得趁那一次的懷孕順水推舟，要求跟他結婚。說是女性的矜持嗎？比起現在帶寶貝去外面，都要解釋自己未婚卻是媽媽的雙重身分，這個矜持到底值多少錢？

不過，話說回來，即使他們當時結婚了，最後或許也是離婚收場，這樣一來，她也只是變成了失婚的媽媽，好像也沒多大差別。

若說她的好強終究會磨損掉他們的愛情，那麼，分手也只是三年或五年的差別而已。

「為什麼女人就一定要做家事呢？」

這是他們住在一起時，最常爭執的一個話題。

「從小到大，我媽從來就沒有讓我洗過一個盤子、刷過一次馬桶，我從來沒有動過一次手，但是我們家永遠都這麼乾淨整潔，連我要上床睡覺了，都還聽得到我媽在洗洗刷刷的聲音。為什麼你就不能像個一般的女人一點？」

在他們同居的三年裡，這些話他起碼說過一百次，或許每次的抱怨不是完全相同，但是萬變不離其宗，就是要她做一個乖巧的傳統女人。

「那你怎麼不去娶你媽？」她沒好氣地回。

雖然她是自由工作者，但是收入並不亞於在外正常上、下班的他。兩個人的收入差不多，憑什麼要她像對老太爺一樣地侍奉他？況且，在家工作不代表不用上班，雖然她發一篇文只要一、兩個小時的時間，但是蒐集資料作為素材、上網瞭解社會生態，也是屬於她工作的一部分。

平常他去公司時，她一邊帶小孩，一邊要寫作，就已經夠煩的了；他一回家，褲子一脫、襪子一丟，就坐在沙發上看電視，什麼都不幫忙，還嫌她做的菜不好吃，地掃得不夠乾淨。

憑什麼一樣有收入，家務卻要她一個人扛？枉費她每次都在部落格上大聲疾呼女性當自強。

「你根本就不需要我。」他們分開的時候，男人這樣告訴她。

光是她的部落格和廠商合作的廣告收入，以及平常跟雜誌合作的撰稿收入，她可以自己快快樂樂地過下去。

於是他搬了出去，還聽了他媽的話，對她提起請求裁定子女權利義務行使負擔——監護權的家事訴訟。

後來，她常常暗自檢討，如果當初她懂得用小孩綁住男人，逼他結婚，他會走得這麼輕易嗎？

「無聊！」她每次都用這句話來結束自己無意義的反省。

兩人的法院生活，也並沒有持續太久。

基本上，「幼兒從母原則」、「主照顧者原則」和「繼續性原則」，她一樣也不缺。雖然她生的是兒子，缺了「同性別原則」這張牌，但是兩人的經濟狀況差不多，加上小孩子如果給他照顧，也是交由他的母親帶。立足點懸殊的狀況下，雖然他在法官面前一副好爸爸的樣子，說他暫時沒有結交女友的想法，願意好好照顧兒子，但在法官的循循善誘之下，他還是撤回聲請，過一個人的逍遙日子去了，還同意跟她去戶政事務所登記由她單獨監護。

只是這幾年來，部落格新銳作家如雨後春筍般冒出來，她的收入不若以前穩定，上了幼稚園的寶貝，才藝班、校內活動一堆，樣樣都是錢，為了讓寶貝過著跟其他雙親家庭一樣的精采生活，她多年來的定存還因此解了約。

「媽咪，今天吃什麼？」兒子問。

「魩仔魚炒飯。」她說。

「啊？為什麼又是炒飯？」孩子的語氣難掩失望。

「因為炒飯最便宜。」她帶著歉疚回答。

寶貝嘟著嘴的小臉龐好可愛，她趁機抱起他狂親了一頓。「不要親了啦！媽咪，都是口水。」

如果寫作的收入可以更豐沃一點，她才不會低頭去煩他。

昨晚，她看他又上傳幫新女友慶祝生日的炫耀文，忍不住傳了私訊給他。

「你該幫忙付點兒子的扶養費了吧！」

「我沒錢。」

「有錢交女朋友，沒錢養兒子。」

「無聊。監護權在你那裡，我就不需要付扶養費。」

「這是真的嗎？」

她來到了事務所，把兩人之間的傳訊內容告訴大律師。

「聽他在放屁！父母扶養子女是天經地義的事，不會因為一方單獨監護而受影響。」大律師最不齒男人把錢綁在自己身上，不拿出來養小孩。

「那他不給，我該怎麼辦呢？」她問。

當然要告他！不然要法院幹嘛？

「你可以代孩子向生父提起請求扶養費的訴訟，順便連同他之前沒付的，用『不當得利』的法律關係一次要回來。」

大律師的解答讓她稍稍寬慰，進一步問：「一般是可以請求多少錢呢？」

「目前最常見的判決是以行政院主計處公布的，各縣市平均每人每月消費支出額為計算標準，雙方各負擔二分之一，再依情況做調整。一般常看到的都是九千到一萬多元上下，個案不同。當然，還是會依照父母雙方的財力斟酌比例分擔。」大律師詳細說明。

「也好，總比被他女朋友花掉好。」

她鼓著腮幫子，氣呼呼的樣子還挺有魅力的。

看著她提起孩子的父親時，臉上又悔又恨的複雜表情，我真的很想告訴她：

「嘿！女人，你擁有孩子最純粹、最真實的感情，那才是人間最珍貴的寶藏。」

【法律悄悄話】

⊙ 監護權在我這裡，對方就不必付扶養費了嗎？

依照我國民法規定，直系血親相互間，互負扶養義務，因此父母本應扶養其未成年子女。且此扶養義務，在父母離婚後，不論其是否取得對未成年子女之監護權，仍須負擔。

法院通常會判決雙方平均或依收入比例分擔未成年子女之扶養費，至小孩成年之日止，按月給付照顧方小孩的扶養費。照顧方為保障權益，也可請求對方如有一期遲延給付，其後一年之給付視為全部到期。

那一夜的大手拉小手

五歲的他，懂得很少，但是夠多了。

我還記得，那是個濕漉漉的寒冷雨夜。白天下了一整天的雨，讓人心情陰鬱了起來，恨不得能打開任意門，避開綿綿細雨，立刻回到摯愛的家人身邊。

那一晚，難得大律師沒有法律諮詢預約或和客戶開會，顯然這樣的鬼天氣，大家都想窩在家裡吧！

到家之後，依照慣例，我把事務所的電話轉到了手機。

雖然和大家一樣，不喜歡下班後還要處理公事，但有時真有不得已的緊急狀況，大律師還是得漏夜出門拯救當事人。記得有一次，當事人在摩鐵開轟趴被臨檢，急

call他去現場處理。大律師雖然已經準備上床睡覺了，也只能立馬出門救人。

我只能說，律師娘這個身分，應該是全世界唯一老公半夜被急call上摩鐵，也不能生氣的職業。

正當我和大律師吃著熱騰騰的晚餐時，手機不識相地響了。

電話那頭，是個焦急的女性聲音。

「喂，請問你們那裡是律師事務所嗎？」

我吞下剛放進口中的白飯，回答：「是的。請問有什麼事嗎？」

她遲疑了一下，接著，彷彿下定決心似的鼓起了勇氣，一字字清楚地慢慢吐出：

「請問我們現在可以過去辦離婚嗎？」

她問的問題，正確的說法應該是：「請問現在這個時間，你們律師事務所可以幫當事人見證離婚程序嗎？」

畢竟，即使是協議離婚，雙方當事人到我們事務所擬好離婚協議書，並由我們事務所的兩位同仁擔任離婚見證人後，還是得由離婚當事人雙方一起到戶政事務所辦理，離婚才會正式生效。

我看著煎得金黃酥脆還在冒煙的白鯧，還有一旁香噴噴的刈菜雞湯，猶豫了一下，心中是百般不願意。

「小姐，現在這個時間，戶政事務所都快要下班了，即使我們幫您見證離婚，您也沒辦法在今晚辦理離婚登記，離婚無法生效。既然這樣，還是我們約個明早的時間，你們再過來好嗎？」在我嘗試說服她的同時，瞅著大律師正津津有味地品嘗那條美味的白鯧。

「拜託你，小姐！他好不容易才答應我願意出來辦理離婚，我怕今天不趕快辦一辦，明天他就後悔了。你可不可以幫幫忙，讓我們現在就過去辦？」她的聲音裡帶著僅存一絲希望的懇求，讓我有點於心不忍。

唉！其實這不是我們第一次遇到吵著要「急診」辦離婚的當事人。曾有一次在假日早上，也是個焦急的女性當事人，要我們保證半小時內趕到事務所，深怕晚了十分鐘，對方就後悔了，害我們牙都沒刷，就匆匆地換了便服衝出門。

電話那一端，她的焦急讓我實在無法拒絕，於是半小時後，我們就如她所願，在事務所恭候大駕。

令人意外的是，先出現在事務所的倒是男方。

滿臉疲憊的他，雙頰消瘦，一下巴未經整理的絡腮鬍，不知是天生如此，還是被這段破碎的婚姻給折磨的。不過，從他沮喪的神情，我暗自揣測他應該是屬於不樂意離婚的一方，不知道為了什麼今晚會願意坐在這裡，等候宰割。

他一進門，就默默地坐到會議桌前。

大律師坐在一旁翻閱著卷宗，我則依照慣例，為了節省時間，詢問他雙方離婚的條件，方便先繕打離婚協議書，待會兒女方到了，如果沒有其他的意見，我們四個人簽名、蓋章，就完成了。

「監護權給男方，女方有探視權，其他條件都不用寫了。」他不假思索地回答。

「這是對方同意的嗎？」我最怕遇到離婚雙方當事人事先不談好離婚條件，等來到事務所後，一張離婚協議書改來改去，改了八遍還在吵。見證了許多離婚場面，所遇過的光怪陸離是說也說不盡的。

「嗯。」男人落寞地點點頭。

我開始埋頭繕打離婚協議書。

沒多久，有個女人牽著一個大約五歲的小男孩走了進來。小男孩正把玩著兒童台最近在廣告的玩具，看起來所費不貲，應該是他剛得到的戰利品。

是她。

牽著小男孩的她雙眼深邃，讓我確認了剛剛聽話筒中那個聲音時所猜測的，是個外籍配偶。不過，不同於許多為了故鄉家中經濟，不得已嫁作台灣新娘的外籍配偶，她的妝容整齊，打扮入時，看得出應該不是那種嫁來台灣，卻要為了夫家做牛做馬而日漸憔悴的典型。

小男孩進門後，一看到坐在會議桌旁的男人，便掩不住心中雀躍，開心地衝過去抱著他說：「爸爸！我好想你喔！」

本來一直沉著臉的男人，如同冰山般冷酷的表情立刻被男孩的天真熱情給融化了。他低身抱抱兒子，帶點男子氣的撒嬌對他說：「爸爸也好想你喔！」

她卻緊張地一把將孩子拉到一旁的沙發上坐著，哄著他自己安靜地玩玩具。

這個不自然的舉動，讓現場本來稍微舒緩的氣氛頓時又陷入了尷尬。我只好表現得若無其事，將離婚協議書的草稿先列印出來給她過目，並解釋給她聽。

「請問這個『探視權』可以再寫得更清楚一點嗎？如果他不讓我看小孩怎麼辦？」她很快提出了疑問。

「你連家都不要了，有必要這樣裝模作樣嗎？」他也迅雷不及掩耳地出聲譏諷。

我心中開始感覺到不妙，這衝突一開始，短時間內是沒完沒了了。

果然，兩人劍拔弩張地一來一往，也不在乎我們這兩個外人和似懂非懂的小男孩在一旁觀戰，什麼醜話都抖了出來。場面看多的大律師和我，漸漸地拼湊出了整件事情的來龍去脈。

她，就是所謂的外籍新娘。一樁說好的買賣，她遠渡重洋來到台灣。

愛情，並不是這樁買賣的標的之一，傳宗接代卻是。

也或許，愛情對男方來說，應該是這樁買賣的基本配備；對女方來說，愛情卻是非賣品。

來到了海外的這個花花世界，原本樸素的她，蛻變成翩翩飛舞的花蝴蝶，他卻還是當初那個差點沒用大紅花轎把她抬進門的大老粗。

其實大老粗沒什麼不好，情趣或許不足，但謹守本分的他，起碼也懂得基本的憐香惜玉，沒讓妻子吃過什麼苦。甚至連她嚮往著經濟自主，吵著要外出工作時，他也沒阻攔過。

萬萬沒想到，天生的業務手腕，居然讓她在幾年之內收入水漲船高，見識也跟著廣闊了起來，甚至每個月的業務獎金還超越了丈夫所賺的錢。

漸漸地，她埋怨起自己的身世，若自己一出生就在這個文明進步的社會，便不必委身於目前大字不識幾個的粗漢，她的世界絕不只是這樣而已。

她想走，但他不願放手。在男人所受的傳統教育裡，婚姻是何等的大事！即使不是男歡女愛，最起碼也是明媒正娶，更何況，他們已經有個五歲的他。

該說她狠嗎？女人的青春比什麼都可貴，白花花的鈔票買得起她稍縱即逝的綻放嗎？她不甘就這樣糟蹋了自己的美麗與聰慧。

於是有一天，不知道是否外頭有人指點，她帶了五歲的稚子離家出走，要脅他一紙離婚協議書。

或許有人會說，告她略誘罪啊！人受的教育愈高，愈懂得用社會體制來報復自己不能得到的一切，可是對於僅受過國小教育的他，他只知道，老婆沒了，他起碼要留給家中一個傳宗接代的交代。於是，他屈服了。

那一夜的那一幕，我永遠也無法在腦海中抹去。

男人簽了字的同時，她也放開了男孩，放開了那個她和他稱不上愛情的「愛的結晶」，那雙熱呼呼的小手，以及被冷天凍得紅通通的小臉蛋。

如果說和男人的過去裡有任何讓她心悸的時刻，應該是襁褓中小小的孩子的依偎。五歲的他，懂得很少，但是夠多了。

我記得他在被推向父親的那一刻，像是恍然大悟似的嚎啕大哭，釋放出他整個晚上壓抑的情緒。

夜晚的安靜空間裡是他滿臉的淚痕，和尖叫的哭喊聲。

「乖，媽媽會常常回來看你的。」

我不知道那時的她，是帶著什麼樣的心情推開了自己的心肝，然而，即使是這樣一句安撫的話語，都是點燃全場哭點的凶器。

「媽媽不要走！媽媽不要走！媽媽不要走！……」

五歲小男孩一聲聲的嘶喊，更是一句句敲打在我們的心坎上。

她轉身跳上計程車的同時，男人緊緊地抱著未來要一個人擔下的負荷，右手來回輕撫著男孩的背脊。

我和大律師已經沒辦法平靜地說些什麼安慰人的話，更何況也沒有什麼話，能夠改變父子倆未來要面對的單親人生。

我們沉默地看著他牽起男孩的小手，另一手拖著她留下的行李，步出了事務所。一對大手拉小手的背影，就這樣消失在夜色裡。

他們隔天真的會去戶政事務所登記嗎？他真的甘願她飛向她嚮往的世界嗎？我想，幸好我們永遠都不知道答案吧！

【法律悄悄話】

⊙未成年子女權利義務之行使或負擔（俗稱監護權）的協議規定為何？

依民法第一〇五五條的規定，夫妻離婚者，對於未成年子女權利義務之行使或負擔，依協議由一方或雙方共同任之。協議不成者，法院得依夫妻之一方之請求或依職權酌定之。另行使、負擔權利義務之一方未盡保護教養之義務或對未成年子女有不利之情事者，法院亦得改定之。

此外，法院亦得依請求或依職權，為未行使或負擔權利義務之一方酌定其與未成年子女會面交往之方式及期間（也就是探視權），但其會面交往有妨害子女之利益者，法院得請求或依職權變更之。

留下的人

留下的人，才有機會看到絕美的風景。

看著手上和他唯一的一張合照，想流淚，卻怎麼也流不下來，如果能夠哭出來，或許胸口那種揪痛的感覺，就能夠稍稍舒緩了。

算一算，丈夫不在身旁的日子已快兩年了。而就在一年前，她被迫離開那個待了十年的婆家。

離開的人最輕鬆，只要說再見就好了，留下的人卻得扛下所有責任與哀愁。她真想像他一樣做個逃兵，放下這一切，逍遙自在地漫步在雲端。

「你在那裡看著我嗎？看著我一個人受苦，你不會愧疚嗎？你怎麼可以走得這麼灑脫？」

她倚著窗框，抬頭望進窗外絢麗的晚霞，想要看看丈夫是不是真的像她小時候聽說的，在天上的國度，看著她和孩子們在自己離開以後的每個日子，是怎麼度過的。

「有你的掛號信喔！」

母親的呼喚，把她從漫遊的思緒猛然拉了回來，遞到她手上的是一只法院的公文信封，紅色字體印在白色信封上，有種血腥的殘酷。

還記得一年前，第一次在法院調解時，她緊張到說話的聲音都在發抖，然而這幾個月來跑了幾趟法院，她已經慢慢習慣了這些冰冷的司法程序。

「聲請改定監護人裁定」，她等這張法院來的裁定等了快一年，而聲請人是她的公公——或者該說是前公公。

自從那晚她被公公摑了一巴掌奪門而出後，她已經無法確定，公公還認她這個媳婦嗎？這個疑問，在她收到了法院的開庭通知之後，有了答案。

這一年來，如果在天上的他，看到妻子和自己的父親對簿公堂，不知心會有多痛。

「那你就不該丟下我們，讓我去面對這些事情！」

在夢裡，她看到他怨懟的眼神，忍不住對他吶喊，好幾次她就這樣在囈語中被母親搖醒。

母親陪著她一路走來，雖然心疼卻也無能為力。自從那無緣的女婿走了之後，女兒在一次和親家公的嚴重爭執中離家出走，就回到了母親身邊，重新開始她們母女倆的新生活。

——**聲請駁回**

這個她等了一年的裁定，斗大的幾個字她看了又看，這樣的勝利，她卻沒有一點喜悅，因為輸的那一方是他的父親，也就是她的公公。

自從丈夫走了之後，她對人生的期望只剩下一雙未成年兒女，她只想好好地將他們拉拔長大，雖然身邊總是有人勸她要找機會再嫁，甚至不乏有追求者天天到她開的麵店找她，但丈夫走不到一年，她的心裡除了孩子們，還擠不下任何男人。

然而，或許是她的工作每天送往迎來的客人太多，在家裡看顧孫子的公婆聽到一些鄰居的耳語，認為她有二心，對她的工作頗有微詞。

只是，她的學歷不高，丈夫又不在身邊了，孩子以後的教育費，她總不能期望公婆賣掉祖產來幫忙吧！做點小生意，再加上和客人良好互動，逐漸攀升的營業額讓她對小孩的未來，能寄予一點希望。

但是，公婆自認是孫子們的守護者，無法信任她，認為她趁工作機會另結新歡，總是防著她，還把兒子留下的一些遺產都私藏起來，不讓她經手處理。

一年前的那晚，下班後，她拖著疲憊的身體回家。沒想到才剛進家門，聽了鄰居閒言閒語的公婆悶了一整天，一開口就指責她不檢點。

「如果你要再嫁，就離開這個家，孫子我們自己會帶大，以後你就跟我們家沒有關係！」

任憑她怎麼解釋，就是得不到公婆諒解，這一年來一切的沮喪與壓力，讓個性一向純良的她一時失去理智，也不知道說出了什麼樣忤逆的話，讓公公氣得揮了她一巴掌！

於是，她心灰意冷地回到了娘家。

她自知婆家是待不下去了，得帶著孩子出來過新生活，才能徹底得到自由，畢竟她的人生還有好一段日子要走，總不能和公婆像仇人似的過下去，就等他們年老需要照顧時，大概也罵不動了，再回頭幫丈夫盡孝道吧！

之前公婆擔心她捲款另嫁他人，丟下兩個孫子給他們，因此強勢地將丈夫的存款跟不動產權狀都收下保管。但她還有房子的貸款要繳，接下來孩子的教育費及生活費用也都需要錢，以她目前的收入，要支撐這個新家，可能得跟公婆拿回這筆錢。但她明白，經過那晚的風暴以後，不只是錢，就連想把兒女接回娘家照顧恐怕也很難。

正當她忖度著該如何是好時，居然收到了法院的通知。

她的公公以聲請人的名義，改定一雙未成年子女的監護權。

「小悲則言，大悲則靜」，當人遇到真正的傷悲時，反而欲哭無淚吧！

她看著公公委託律師寫的聲請狀上指責她的種種不是，包括責打小孩、在外結交男友等等疏於保護、照顧未成年子女的罪狀，簡直不敢相信，她的公婆就這樣跟她反目成仇！

只是不管再怎麼樣，那還是亡夫的父母親。她一個人走上法庭，面對公婆和他們委託的律師，不想要做出任何攻訐來取得勝訴，她相信以一個母親的身分，自己從來沒有做過任何失職的事情，法官不會奪走她理所當然的親情。

只不過，過程比她想像的還難熬，尤其是她看到社工訪視報告上寫著：子女表示母親會責打他們，還因為交男朋友離家而遺棄了他們，所以他們比較想跟著阿公、阿嬤時，緊繃的情緒差一點就要崩潰了。

她當然知道是誰教他們這麼說的。

還好，一切都熬過來了。這一年來，她成長了許多，也懂得向人求助了。她拿著公公聲請改定監護權駁回的裁定來找律師，詢問接下來的方向。

「我想把孩子們接回來一起住。他們剛上小學，學業需要盯著，這點以我公婆的年紀應該很難做到，加上要讓孩子上一些才藝班及未來教育的規劃，我也需要我丈夫留下的財產。當時這些財產，公公都主導由我兒子一個人繼承，並且保管了存摺、印章及權狀，我想公婆那邊應該是沒得談了。我可以怎麼做呢？」

聽完她這一年來的經歷，真是讓人佩服。女人的堅毅，有時或許勝過男人。

「你可以請求交付子女。而存款及不動產因屬於未成年子女的特有財產，應由父母管理、使用、收益，因此在考量未成年子女利益的前提下，應該由你代為處理，所以，你可以一併請求公婆返還。」大律師告訴她。

其實，她真的不想再繼續跟公婆上法院了，不過到了這個地步，為了接回小孩開始新生活，也只能對兩老提起訴訟，希望亡夫在天上看到了可以體諒她。

現在最難處理的，倒是怎麼消弭兩個孩子對她的敵意，畢竟這一年裡，公婆灌輸給他們的是負面觀念，在他們心裡或許會覺得母親遺棄了自己，這樣的傷害，還得花好一段時間來彌補。

看著離去的她，我想，她一直怨懟亡夫留下了她，讓她一個人面對未來的日子。但是，留下的人，才有機會看到絕美的風景，一些你想像不到的美景，不留下來，你永遠都不會知道。

【法律悄悄話】

⊙祖父母可否爭取監護權？

依民法第一〇九〇條規定，父母之一方濫用其對於子女之權利時，法院得為子女之利益，宣告停止其權利之全部或一部。

另依民法第一〇九四條第一項規定，父母均不能行使、負擔對於未成年子女之權利義務時，依下列順序定其監護人：

一、與未成年人同居之祖父母。

二、與未成年人同居之兄姊。

三、不與未成年人同居之祖父母。

因此，如果父母有不適任的情況，的確是有機會聲請法院改定監護人。

Part 3

暴力不是愛

把挫折當成你重生的機會，
讓自己飛得更高、更快、更好，
當你回頭，
就會發現過去渺小得微不足道。

愛已逝

當愛不在了，就只能剩下傷害嗎？

那天，大律師和我依照約定的諮詢時間到了事務所，一進門，我就被他們一大家子的陣仗給嚇到了。

事務所的空間並不大，我們在靠近門口的地方擺了一張圓桌，讓等待諮詢的當事人可以稍坐。進門的那一刻，我一臉狐疑地看著一旁的助理，用唇語問：「他們是誰？」可愛又憨厚的助理躲在電腦螢幕後面，雙手輕輕一攤。

我不懂他的意思，只好跟門口的一群人禮貌地點個頭，然後繞到助理的座位旁邊問：「不是只有一位張先生預約嗎？」

助理俏皮地對我一笑，回答：「這就是張先生……一家人啊！」

我總算心領神會了，想到過去曾見證過一場協議離婚，連同當事人雙方，到場的將近快十人，再回來看看眼前這種場面，好像也不需要大驚小怪。

由於會議室空間不大，我只好唱名：「請問誰是當事人啊？」

從人群當中，走出了最年輕的他，手上還抱著一個看起來約莫兩、三歲的男童。

「是我。」

「請坐。」

從這裡開始就由大律師接手了。

剩餘不多的空位，在幾位長輩互相謙讓之下，遲遲沒有人敢坐下來，大律師一臉無奈地看著他們，最後當事人還差點站起來要讓位，看得我們又好氣又好笑。

好不容易等待眾人都坐定之後，大律師才能開始詢問案情。

他是個年輕的小爸爸，或許因為年輕氣盛，結婚以後，跟妻子一直大小爭執不斷。

雖然兩人在婚後不久就生了一個可愛的小寶貝，但是對小夫妻之間的感情並沒有什麼助益。小孩才幾個月大，妻子就在一次爭吵過後離家出走，丟下還在襁褓中的兒子回娘家，將近大半年都拒絕聯絡，娘家的人也拿她沒辦法。

正當婆家的人開始討論一歲多的小孩需要母親的照顧，不知道該如何處理他的婚姻問題時，妻子卻突然跑回來，跟他談判離婚的條件，而且當場表示要帶走小孩。

他當然不可能同意。

「你突然消失了大半年，完全沒盡到母親的責任，小孩搞不好都認不得你了，把兒子交給你，我們怎麼能放心？」

他真的很難理解，妻子怎麼能夠大半年地對自己的兒子不聞不問，現在又突然出現要把小孩帶走。

「我並沒有要得到你的同意，我是小孩的母親，想要帶走孩子，就有權利帶走孩子！」

她說完就自顧自地走向一歲多的兒子，低聲哄著要抱起他，只是寶寶許久不見母親，怕生地退後，轉身想衝向阿嬤的懷抱。她一把抱起嚇哭了的兒子，起身就要離開，卻被他一把抓住手臂。

「要走你自己走，把孩子留下！」

他被妻子蠻橫的舉動挑起了怒氣，抓住她的手，指甲陷入了她無袖的上臂，而她在情急之下用力甩開他的手，卻不慎揮到了他的臉頰，這個動作更讓他一時氣急攻心，跟妻子搶起了小孩。

嬌弱的她，力氣當然比不過從事土木的他，只好悻悻然地離去。

兩個星期後，他收到了一張暫時保護令，上面寫著：

「禁止實施家庭暴力行為，禁止直接或間接騷擾、接觸、通話或其他聯絡行為。」

一開始，他不以為意，畢竟自己連見都不想見她了，哪還會有什麼騷擾行為。

沒想到，緊接著卻收到離婚起訴狀，且一併請求裁定未成年子女權利義務之行使或負擔，也就是監護權。

「離婚我也很樂意，但是她憑什麼要求單獨監護？一個完全沒盡到母親責任的人，我不相信法官會把小孩判給她。」

他自認小孩除了上班時間由母親帶之外，其餘時間他就像個稱職的奶爸，沒道理把小孩拱手讓出，決意陪她打完這場離婚及監護權的訴訟。

然而，或許是大意失荊州，全然無防備的他，在一審時，因為後來核發的「通常保護令」而被認為有施暴傾向，法官竟斷然依家庭暴力防治法第四十三條的規定，推定發生家庭暴力的他，不利於行使負擔未成年子女的權利義務。

白話一點說，就是他失去了兒子的監護權。

我想只能說他太老實，不懂得在法官跟探訪的社工面前演戲，於是在拿到由她單獨監護的裁定時，一大家子都擔心地跟來律師事務所諮詢。

❦

「先聽我說好不好？」

在一大群人七嘴八舌的關心下，大律師發出了噤聲令。

「別太擔心，我想你還是有很大的抗告空間。」

大律師接著開口，大家則安靜聆聽。

「保護令所描述的暴力事實只是偶發事件，而且也情有可原。在實務上，雖然有所謂的『幼兒從母原則』，但從她離開到現在已快兩年了，小孩都是由你們照顧，而照顧的情況也很良好，加上小孩跟你的親人互動狀況也很不錯，依原照顧者繼續原則，及擁有完善的後援系統，你們還是很有機會把監護權拿回來。雖然家庭暴力防治法有這樣的規定，但法院還是可以斟酌個案去裁定未成年子女的監護權。不管怎麼樣，先不用太失望。」

在談話的過程中，兩歲多的孩子一直吵著要爸爸和阿嬤抱，可愛極了，其實有的狀況，小孩跟著媽媽不一定比較好。

他們一行人離開之後，我跟大律師說：「難道離婚訴訟跟搶監護權過程，一定要懂得演戲跟說對方的壞話，才能搶得先機嗎？法官又怎麼能夠從短短的開庭過程跟簡單的社工訪視書面報告，做出哪一方照顧未成年子女比較有利的判斷呢？做法官也太難了吧！」

大律師回答：「做夫妻更難吧！相處已經水火不容了，不愛了以後，要怎麼不去傷害對方，這才是真正的考驗。」

【法律悄悄話】

⊙通常保護令、暫時保護令及緊急保護令，有什麼差別？

根據家庭暴力防治法的規定，民事保護令分為通常保護令、暫時保護令及緊急保護令。

●緊急保護令：只能由檢察官、警察機關或直轄市、縣（市）主管機關，為被害人提出，被害人不能自行聲請緊急保護令。

●通常保護令、暫時保護令：被害人可自行向法院提出聲請。

通常保護令必須開庭審理，法院也會通知相對人（即加害人）到法院開庭，如不想和相對人一起開庭，可在聲請狀中註明，其有效期間為一年以內。

暫時保護令則得不經開庭審理而核發，但法官若覺得有必要開庭訊問時，仍會安排開庭日期，有效期間為至通常保護令核發或駁回終止。

不再妥協

動手，一次都不可以！

「律師，請你幫幫我，我一定要離開那個雙面人。」

她的聲音裡充滿了無助，看著大律師的眼神顯得有些渙散，或許是長期受到精神及肉體上的凌遲，讓她已經有點無法維持正常的神智。

這一類的求助，我們一向不陌生。婚變的時候，幾乎每個當事人都會覺得對方是雙面人，表裡不一，說的都不是事實，雖然我們常覺得，有時我們的當事人有意或無意漏講的事實也不少。

「我先聽聽看你為什麼想離婚吧！」大律師語氣平緩，畢竟破碎的婚姻故事聽太多，謊言跟文過飾非對我們來說已經是家常便飯了。

「你先看看他傳給我的這些訊息。」

自從某個綠色通訊軟體普遍被使用後，我們整天都在看當事人「賴」來「賴」去的截圖，真不失為最新流行的舉證方式。

「老婆，快回來吧！不要再鬧小孩子脾氣了！我們都已經是成年人，應該要成熟一點。」

「老婆，我真的很想你，你這樣無故離家真的很傷我的心。」

「老婆，如果我哪裡做錯了，你都可以告訴我，不要這樣生我的氣。」

「老婆，不要不理我，我真的不能沒有你。」

「老婆，我知道你是一時衝動，我不會怪你的，我還是一樣愛你，我等你回來。」

「看起來你們感情很好啊！為什麼要離婚？」大律師看完了訊息後聳聳肩，把手機還給她。我猜想，他大概覺得又遇到了一對愛吵架的小夫妻。

她默默拉開了上衣的長袖，雪白的手臂上，一塊塊瘀青顯得相當怵目驚心。

「還需要我解釋嗎？」

望著我們驚訝的神情，她反而顯得平靜，開口緩緩道來。

「這不是第一次了。我們結婚到現在兩年，我一直都知道他脾氣不好，遇到一點不順心的事情就容易大發雷霆。但是，他不發脾氣的時候，其實對我很好，也會後悔一時心急對我動手，有一回還跟我下跪道歉。我就這麼原諒他，一次又一次。沒想到這次居然因為我跟他頂嘴，他從廚房拿了菜刀對著我咆哮，我就嚇得逃出來了。」

我真的很佩服有些女性的忍耐力，居然能熬到面對菜刀才心灰意冷。甚至還曾經有女性問我們說，聽說驗傷單要湊到三張才能訴請離婚。怎麼會有這樣的謬誤呢？動手，一次都不可以！

「我跑出來以後，他就不停地發訊息給我，好像是我的問題似的。他就是這樣，家裡、外頭是兩樣人，在我的朋友或家人面前，他都表現得體貼又溫柔，形象好得不得了；但在家裡，他不但跋扈，甚至只要我說話逆了他的意，他就突然一個巴掌揮過來。我也不知道自己為什麼會忍受到現在，居然相信他會改。」

就我們所知，這樣的案例多得不勝枚舉，真的有很多不為人知的故事，隱藏在社會的角落。

聽了她的傾訴，大律師的正義感發作了。

「我們先從聲請保護令開始吧，先跟他保持距離。過一段時間他如果冷靜下來，再跟他協調看看離婚的事，畢竟提起離婚訴訟曠日費時。如果可以協議離婚，你們就直接約在這裡，由我們見證。」

「保護令有用嗎？他會遵守嗎？」長期忍受丈夫的暴力相待，已經讓她像驚弓之鳥，沒有安全感。

「根據家庭暴力防治法的規定，違反法院保護令所為的禁止實施家庭暴力、禁止騷擾、接觸、跟蹤、通話、通信或其他非必要之聯絡行為，會成立違反保護令罪，最重可以處三年的有期徒刑。先走一步算一步吧。我想，你不會希望跟他打個一年半載的離婚訴訟的。」大律師說明。

與其他的訴訟相比，離婚訴訟最大的特點就是因為雙方原本是最親密的人，也最瞭解彼此的陰暗面，因此一旦上場對戰，攻擊的都是對方最大的痛點。在狀紙上或法庭上，常見到兩人互揭瘡疤，什麼醜事都抖了出來，譬如房事不順、上網援交、私生活紊亂、生活習慣邋遢……等等，由愛所生的恨意，往往更教人防不勝防。

只是，冰凍三尺非一日之寒，這些恨意往往是經年累月形成的。

我常常覺得，經營婚姻就像存款一樣，平常要多累積一點一點的小幸福，當你的幸福存摺資產滿滿的時候，偶爾發生點衝突或摩擦，還不至於傾家蕩產。相反地，即使是生活中小小的爭吵，一旦輕忽，就像不停提領現款的帳戶，原本再幸福美滿的婚姻，也會走到山窮水盡的一天。

幾個月後的某一天，我接到了她預約見證協議離婚的電話，電話中雀躍的聲音告訴我：「他答應離婚了，因為這次我再也不相信他會改變了。」

她沒有任何條件，只想愈快結束愈好。至於他，過程中倒是客客氣氣的，實在不像她口中形容的那個男人。

不到二十分鐘，就結束了她兩年多來的噩夢。

「律師娘，我終於可以離開這個雙面人了！」在男人先一步跨出事務所後，她輕輕拉著我的手，低聲地跟我說。

「恭喜你，但別忘了去戶政事務所登記喔！」我還是改不了雞婆的個性，再三提醒她。她點了點頭，踏向了未來。

望著她離去的背影，我想起她初次來事務所諮詢時，脫口而出的一些隻字片語：

「他在眾人面前演戲，我就得配合他表演。」

「道歉的戲碼重複了快一百遍。」

「我受夠了他的霸氣和我的不能犯規。」

然後是……

「這一次，我再也不要忍耐了！」

婚姻中，到底能夠承受多少妥協？或許每個人的標準都不一樣，只有唯一一件相同的，就是不會永無止境。

【法律悄悄話】

⊙「保護令」到底能保護我們什麼？

一、禁止相對人對於被害人、目睹家庭暴力兒童及少年或其特定家庭成員實施家庭暴力。

二、禁止相對人對於被害人、目睹家庭暴力兒童及少年或其特定家庭成員為騷擾、接觸、跟蹤、通話、通信或其他非必要之聯絡行為。

三、命相對人遷出被害人、目睹家庭暴力兒童及少年或其特定家庭成員之住居所；必要時，並得禁止相對人就該不動產為使用、收益或處分行為。

四、命相對人遠離下列場所特定距離：被害人、目睹家庭暴力兒童及少年或其特定家庭成員之住居所、學校、工作場所或其他經常出入之特定場所。

五、定汽車、機車及其他個人生活上、職業上或教育上必需品之使用權；必要時，並得命交付之。

六、定暫時對未成年子女權利義務之行使或負擔，由當事人之一方或雙方共同任之、行使或負擔之內容及方法；必要時，並得命交付子女。

七、定相對人對未成年子女會面交往之時間、地點及方式；必要時，並得禁止會面交往。

八、命相對人給付被害人住居所之租金或被害人及其未成年子女之扶養費。

九、命相對人交付被害人或特定家庭成員之醫療、輔導、庇護所或財物損害等費用。

十、命相對人完成加害人處遇計畫。

十一、命相對人負擔相當之律師費用。

十二、禁止相對人查閱被害人及受其暫時監護之未成年子女戶籍、學籍、所得來源相關資訊。

十三、命其他保護被害人、目睹家庭暴力兒童及少年或其特定家庭成員之必要命令。

※相對人：即加害人。

※未成年子女權利義務之行使或負擔：即指監護權。

深愛的人，有時傷你最深

因為愛，所以在乎，所以無法好好地說出口。

他拿著保護令來找大律師時，垂頭喪氣的樣子，一開始並沒有引起我的同情。

動手的人，還有什麼好說的？

「我真的很後悔。」他說。

你要是不後悔，那就天打雷劈了！我心想。

「我當時真的氣昏了頭，才會情緒失控的。」他又說。

動手就是不對！坐在不遠處的我偷偷地自言自語著。

「律師，你可以聽聽看我為什麼會動手嗎？」他抬起頭問。

這不重要！不管為了什麼，就是不可以動手！我內心極力呼喊著，希望大律師回他一頓訓話，讓他回去好好反省。

「你說說看吧！」大律師卻只是這麼回應。

反正就是一堆藉口。要不是辦公室這麼小，不管說什麼話，整個事務所都聽得見，我還真想坐遠一點，省得聽這個打老婆的男人廢話連篇。

儘管我百般指天罵地，他還是開口了……

「我是個修雙B轎車的黑手，一個月薪水大概五萬多塊。我太太在中古汽車買賣公司當業務員，她的業務能力很好，曾經有一個月拿了獎金後，領到十幾萬的薪水。」

這麼好的太太，你還打她，你的良心被狗啃了嗎？我覺得自己光坐在一旁聽都已經咒罵到快得內傷了，真佩服大律師還能氣定神閒地聽他慢慢說下去。

「我真的很愛她，她的能力好，長得又漂亮，幸好是年紀輕輕在工作上還沒有大發展時就嫁給了我，不然哪輪得到我。」他講得意氣風發。

那—你—還—不—好—好—珍—惜—她！我在心裡用力念出了這幾個字。

「但是，她也不能那樣對我啊！人都是有尊嚴的。」他有點激動了起來。

我倒想聽聽，有什麼理由可以讓你這樣對待如花似玉的老婆。

「雖然我的薪水不高，但是比起一般的上班族，收入也算不差了，如果節儉一點，日子也可以過得不錯，可是我太太就是不滿意。」他埋怨著。

五萬多的薪水，養一個家庭也還算差強人意了。或許他的妻子偶爾想要過點奢侈的生活，所以督促他力求上進，讓一家子過好一些的生活，那也無可厚非吧！

聽了他的「開場白」，大律師質疑：「不過，你太太不是有能力領一百K以上的薪水和獎金嗎？這樣一個月十幾萬的生活，應該可以讓你們衣食無虞，過得還算優渥了吧？」

「她說，我應該自己出去開業，聽說這樣收入會是現在的好幾倍，資金的部分叫我去跟銀行借。可是，我以前賺的錢統統都交給她了，她連同自己的收入，扣掉家裡的開銷之後，全都存入她自己的帳戶，存摺還鎖在抽屜裡，不讓我知道她有多少錢。我身上都沒有財產，跟銀行貸款也不容易，就算銀行願意貸給我，我知道自己有幾兩重，連老婆都對付不了了，根本不是做生意的料子，怎麼會妄想創業發財呢？」他無奈地回答。

坦白說，如果另一半選擇的路對家裡的影響不至於太大，其實應該要尊重一點，免得有一天對方回過頭來怨你。

他繼續說：「我勸她，小孩不一定要念貴族幼稚園，東西也不一定要用最好的，量入為出，即使我不出去開業，日子一樣可以過得很好。我的錢都交給她了，還領她發的零用錢，她應該要很有安全感才對。」

其實這男人不錯啊！實在不像是會打老婆的人……不對，要知道，很多人根本是雙重人格，平常看起來像是顧家、愛妻的好男人，背後卻是個花天酒地的混蛋。

「可是她聽不進去，老想著怎麼樣可以過更好的生活，跟我吵不出結果，就去向我父母告狀，還在親朋好友聚會的場合對我冷嘲熱諷。她對大家說，我賺的錢不夠用，要不是靠她會賺錢，家裡怎麼撐得下去，叫我出去開業我又不敢，說我沒有用，這一輩子她是沒指望好命了。男人都要面子，你說這樣我在親戚面前怎麼抬得起頭來？好歹我也是自己光明正大賺來的錢，是她自己什麼都要用好的，才會覺得不夠花！」男人愈說愈氣憤。

我想，除了打人的部分不對以外，如果他說的是真的，那還真是滿讓人同情的。

「那你又怎麼會動手打她的呢？」大律師開始切入重點，但我心裡隱約能猜出後來的發展了。

「她的所作所為常常讓我覺得很沒有尊嚴，坦白說，我已經忍無可忍了，於是找她攤牌，跟她說，如果她覺得嫁給我不滿意，可以改嫁，去找會賺錢的男人。我們大吵了一架，我聽到她笑我一輩子沒路用，只能靠女人，我就氣瘋了！等回過神來看見她紅腫的臉頰，才意識到自己做錯事了。」說著，他低下了頭。

嗯，以他的體格，如果盛怒之下，恐怕這一掌打得不輕。

「你現在拿到的是『暫時保護令』，之後法院應該會通知開庭，審理是否核發『通常保護令』，在此之前，可能會有社會局的人介入做訪視。如果通常保護令核發下來，裁定你不得對她實施身體或精神上不法侵害之行為，或者不得騷擾、接觸、跟蹤、通話、通信或其他非必要之聯絡行為，期限通常是一年，你違反的話，就會有三年以下有期徒刑、拘役或併科新台幣十萬元以下罰金的刑責。」

大律師一本正經地宣告完法條後，看著男人愈來愈沮喪的樣子，忍不住放緩了語氣，對他說：

「你的情況應該是屬於偶發事件，如果想要提出抗告，律師當然可以幫你處理，可是，你應該更認真面對的是，你們的婚姻問題為什麼會走到這一步呢？你太太的表達方式或許傷害了你，但是夫妻之間，爭執跟衝突在所難免，你們都應該想想，怎麼用更合適的方式，讓對方瞭解自己的需求。」

深愛的人，有時候卻傷你最深。

因為愛，所以在乎。

因為在乎，所以無法好好地說出口。

因為無法好好說出口，所以用了最激烈的方式表達。

無論他或她，都是不懂得如何讓對方瞭解彼此的需求和感受。

暴力應該被譴責，但是或許從現在開始，我們更應該思考及學習，如何說愛。

【法律悄悄話】

⊙聲請了保護令之後，法律程序上會如何執行？

依家庭暴力防治法之規定，保護令核發後，得依下列規定辦理：

一、不動產之禁止使用、收益或處分行為及金錢給付之保護令，得聲請法院強制執行，並暫免徵收執行費。

二、聲請於法院指定之處所執行未成年子女會面交往，並由其所屬人員監督，必要時得請求警察機關協助之。

三、由直轄市、縣（市）主管機關執行完成加害人處遇計畫。

四、禁止查閱相關資訊之保護令，由被害人向相關機關申請執行。

五、其他保護令之執行，由警察機關為之。

六、警察機關應依保護令，保護被害人至被害人或相對人之住居所，確保其安全占有住居所、汽車、機車或其他個人生活上、職業上或教育上必需品。並得依被害人之請求，進入住宅、建築物或其他標的物所在處所解除相對人之占有或扣留取交被害人。

七、證照、書據、印章或其他憑證，警察機關得取交被害人，無法取得時，其屬被害人所有者，被害人得向相關主管機關申請變更、註銷或補行發給；其屬相對人所有而為行政機關製發者，被害人得請求原核發機關發給保護令有效期間之代用憑證。

八、義務人不依保護令交付未成年子女或執行會面交往時，權利人得聲請警察機關限期命義務人交付，屆期未交付者，命交付未成年子女之保護令得為強制執行名義，由權利人聲請法院強制執行，並暫免徵收執行費。

九、取得暫時對未成年子女權利義務之行使或負擔者，得持保護令逕向戶政機關申請未成年子女戶籍遷徙登記。

十、當事人或利害關係人對於執行保護令之方法、應遵行之程序或其他侵害利益之情事，得於執行程序終結前，向執行機關聲明異議。

霸氣的愛不是愛

偶像劇中霸氣的男主角，往往只是耽溺於異常的控制欲。

她簡直不敢相信，她原以為已經擺脫的那個惡夢，居然又再度糾纏上她。

前幾天，她從朋友那裡聽說，前夫在臉書上貼文公告，要告她「離婚無效」。乍聽時，她並不驚訝，這本來就是他的作風，真不知道結婚前怎麼會被愛情沖昏頭，沒看清他居然是個瘋狂到幾近病態地步的可怕男人。

她自認行得正、坐得端，大不了請個律師應訴。比起前夫欠自己的，她欠他的要微不足道得多了，她沒去提告就不錯了，還輪得到她當被告？

「離婚無效？」她差點沒笑岔了氣，聽完好友轉述他臉書上放的話，心裡只覺得無稽。「離婚協議書是他自己簽的，我可沒拿刀架著他，他這是有招用到沒招了吧！」

她舉起酒杯，向好友致意後一飲而盡，自從和他離婚之後，這得來不易的自由，她是如獲至寶般地珍惜。

和他結婚前，她在好友眼中像是個瘋婆子，想做就做，像隻追求遼闊天地的飛鳥，一下翱翔天際，一下低頭俯衝，說一句「想去歐洲旅行」，就辭掉工作，放逐自己三個月，背起背包當起了沙發客。

沒想到像她這樣的女人，居然在認識男人三個月之後，沒照會過親朋好友，就和他去登記結婚了。

她和他是在一場登山活動中認識的，四天三夜的跋山涉水，兩人無所不聊。都喜歡極限運動的他們只能說相見恨晚，他有著一顆和她一樣熱情奔放的心，瞭解她對世界的好奇與憧憬。

就在那個滿天星斗的夜空下，他們決定牽著手，一起去探索這個世界的美好。

她的好友們說驚訝也罷，說意料之中也是。依她的個性，居然願意這麼年輕就走入婚姻，這不像她；不過，認識三個月就不顧一切地去登記結婚的舉動，也像她。總之，當時聽到她的喜訊，好友們還是給予無限的祝福。

可惜，人生不會永遠像偶像劇一樣，有著不合理的美好。從他們婚後幾個月開始，她才發現他的不對勁。

首先，婚後第一個月，他就離職了，說是不習慣那個工作環境。這本來也不是什麼大事，但是過了幾個月，他還天天待在家裡，整天坐在電腦前，盯著股票期貨交易跳動的數字。他說，外面的工作沒有挑戰性，拴不著他驛動的心。

於是，家裡的開銷都是她在支出，自稱為現代女性的她好像也不能計較，畢竟他們兩人的愛情怎能用庸俗的金錢來衡量。於是她裝作毫不在意，出門也都迅速買單，為他顧全面子。

緊接著，他開始陰陽怪氣，疑神疑鬼。她經常發現自己的私人用品、手機及筆電都被他動過。

夫妻之間，該有隱私權嗎？雖然她自己一點都不想知道他和朋友間都聊些什麼，不過或許她該開心，丈夫的確在乎她，於是她也忍氣吞聲了。

「你在哪裡？」

這是他這一晚的第五通電話了，在鈴聲響起時，她真的有一瞬間想要切掉電話進入語音信箱，只是在斷線之前，她還是投降了。

「大家說要一起去唱歌，我晚點就回去了。」最近他緊迫盯人的關心，讓她開始覺得難以忍受。

「哇，感情好好喔！趕快回去啦！家裡有人等門，不要跟我們這些沒人等的在一起混。」

好友的取笑，只讓她更不想回到那令人窒息的拘禁中。一直到半夜三點，她才心不甘情不願地回家，一進門，卻被黑暗中的他嚇了一大跳。

「你為什麼不乾脆早上再回來？」他語帶諷刺，黑暗之中，陰沉的語氣讓疲憊的她毫無招架之力。

「我們明天再說好不好？我累了！」半夜三點耶！她沒有力氣吵架。要吵可以，等她睡飽了，隔日奉陪。

一切都發生得太快了。事後回想起那晚，她只記得滿地碎玻璃、他漲紅的臉和瞳孔放大的雙眸，當然，還有他那隻讓她在室內也得戴著墨鏡的右拳。

他跟那個和她在高山草原上細數滿天星斗的，真的是同一個男人嗎？

她立刻搬離了住處。儘管他一再道歉，但她不是小女孩了，不會把他當作偶像劇中霸氣的男主角，耽溺於他異常的控制欲。

暫住好友家的她，關掉手機想讓兩人好好冷靜一下，再來談離婚的事，結果晚上一開機，卻被丈夫一百多則的訊息給嚇壞了。

「我想你！」

「快回來吧！」

「我保證不會再動手！」

「你不瞭解我有多愛你！」

「我不能沒有你！」

然後是……

「不回來，我們就同歸於盡！」

於是，她聲請了暫時保護令，禁止丈夫靠近她的住所及其他騷擾行為。若他做出了違反保護令上的行為，會有刑事責任。

不知道是不是因為如此，男人暫時沒了消息。她託朋友轉達離婚的意願，並宣示若不離婚，他就等著收傷害罪及恐嚇罪的刑事傳票。他回訊了：

「我願意放你自由，你把離婚協議書簽一簽，證人給你找，處理好之後，我在戶政事務所等你。」

她鬆了一口氣，雖然提起離婚訴訟的話，她的勝算也大，但離婚訴訟得打個一年半載，對不想再見到丈夫的她來說，簡直是凌遲。

於是，她私下找了兩個姊妹淘當證人。當初興沖沖地登記結婚，男人又不愛跟她出門，姊妹淘們都沒看過他，但這種事她也不想聲張。她從網路下載了離婚協議書的範本，讓姊妹淘簽了名後，就帶去戶政事務所和他辦了離婚登記。

結婚和離婚，都這麼簡單乾脆。

那一天之後，她換了手機號碼，還在臉書上封鎖他，決定重新開始，忘掉那一場誤會的短命婚姻。沒想到幾個星期後，卻從朋友那裡得知，前夫在臉書上公告他們的離婚無效，要對她提起離婚無效之訴！

「不會吧！我跟他的離婚怎麼可能無效？」她來到事務所，焦急地不停追問。

「在實務上，的確有因為證人未親自見聞當事人雙方協議離婚的過程，而被判離婚無效的案例。」大律師也只能殘酷地向她宣布這個答案。

說實在的，有時律師要對當事人宣布判決結果或任何當事人不想要的答案時，還真像醫生要跟病人宣布病情檢驗報告。

我幾乎可以聽見她內心的尖叫。

這就是為什麼我們事務所見證協議離婚時，絕對要求當事人兩人及我們的兩位證人，一定要四個人面對面坐下來一起簽名，然後再去戶政事務所登記，保證有效。

遇到這個男人，也算是她陰溝裡翻船了。原以為上天送給她一個真命天子，沒想到從天而降的不是禮物，而是無妄之災。

不過，她依舊不改結婚前的潑辣本性。

「沒關係，我也不是省油的燈！如果法官真的判決離婚無效的話，大不了我提起請求離婚的訴訟，讓他知道老娘也不是吃素的，要開戰，一律奉陪。」

看她一臉堅定地發表開戰宣言，真不知道是登玉山難，還是甩掉前夫難呢？

【法律悄悄話】

⊙為什麼會離婚無效呢？

民法規定，兩願離婚，應以書面為之，有二人以上證人之簽名，並應向戶政機關為離婚之登記。

由於證人必須親自見聞夫妻雙方均有離婚的真意及合意，不得僅依夫妻一方轉述就簽名，否則兩願離婚即為無效，因此建議兩造協議離婚，找律師見證辦理較為妥當，並謹記最好證人與夫妻同時在場簽署離婚協議書，以避免離婚無效的爭議。

選擇

這不是對錯的問題，而是一個選擇。

王婆婆是我娘家的老鄰居。記得小時候，她在我們社區裡的平房一樓經營一家傳統的柑仔店。

彈珠、尪仔標、紙娃娃，吃的柑仔糖、小包王子麵等等，柑仔店內琳琅滿目，小時候，那裡簡直是我們的寶庫。

王婆婆開的柑仔店算是社區內的八卦收集站，每次經過時，總會看到一些大嬸們聚集在那兒，高聲談論哪一家的小孩昨天又被打了，哪一家的夫妻昨天又吵架摔盤子了。

我自己則是最喜歡在王婆婆店裡買一種可以吹泡泡的玩具，小小一條，像飯店準備的盥洗用具內一定會有的縮小版牙膏，擠出來是粉紅色的膏狀物。擠出一小坨後，黏在附贈的小吸管上，再從吸管的另一端用力一吹，就可以隨意吹出一顆顆大小不同的泡泡，比起生命短暫的肥皂泡泡，這種泡泡可以任你吹捧拍捏，好玩多了。

王婆婆人很好，也很會做生意。我每次去買東西，她總會多送我一顆糖果，讓我一邊含著糖，一邊開心地走回家。

現在街頭巷尾的便利商店四處都是，王婆婆的柑仔店也熄燈已久了。因此，後來我就沒什麼機會再遇到她。

沒想到，在開了律師事務所之後，以前當了王婆婆長年客戶的我，有一天卻變成要服務她。

王婆婆第一次打電話來的時候，先是不著邊際地噓寒問暖。

「哇係以前恁厝邊開柑仔店的阿婆啦！聽說你考上律師囉！」

「王婆婆，我是嫁給律師，不是考上律師啦！」

「安ㄋㄟ喔！恭喜ㄋㄟ！」接下來是一串扯東扯西，說東家的兒子跑去做醫生了、西家的女兒想去當明星沒著落等等的瑣事。

自從入了這行後，我們就有一種兩難的心情，每當電話響起的那頭是久未聯絡的故人，我們就會開始擔心，對方是不是最近出了什麼事，因為有一半的機會，都是要來找大律師處理糾紛的。

「其實是這樣啦！我想要跟阮頭家離婚啦！」

什麼？王婆婆要離婚？我一方面感到訝異，一方面又覺得，也該是時候了。

印象中，王婆婆的丈夫雖然是和她一起經營雜貨店，但是很少看他在店裡，我上門買東西時，幾乎都是王婆婆一個人在顧店。

聽母親說，王婆婆的丈夫好賭，整天流連賭場，不顧家計，兩個小孩都是她獨力養大的，平常她一邊帶孩子，一邊顧店，丈夫偶爾回來，卻是要搜刮櫃內的錢還賭債。

王婆婆畢竟身負家計的責任，丈夫這麼亂搞，她若不守著家財，到時一家人都要喝西北風。鄰居們常常聽到她丈夫拿不到錢時，夫妻吵架的高分貝咒罵，因此王婆婆的婚姻狀況，大家多多少少都瞭解。

這麼多年來，大家早已聽慣了這樣的爭執，更佩服王婆婆過人的包容力，沒想到如今一雙兒女都結婚生子、出社會工作了，她居然要離婚。

我請王婆婆來一趟事務所，和大律師詳談如何處理離婚的事宜。

王婆婆過來時，提了好大一盒水果，笑咪咪地歐樂我們真厲害。

我一直都知道王婆婆是個良善之人，從來不喜歡麻煩別人，遇到這樣不成材的丈夫，她也從不跟人抱怨，自己默默地承擔了多年。

早期的柑仔店沒有受到連鎖便利商店的競爭，她一個人靠那家店養大了兩個孩子，還買了兩間房子，一間目前是他們的住家，另一間則租人，房貸居然都靠她一個人繳清了！

在那個年代，銀行的利息是很驚人的，王婆婆的一生幾乎就是為了丈夫、孩子跟銀行在工作。

「王婆婆，你們的孩子都大了，所以沒有未成年子女權利義務行使負擔的問題，剩下要處理的就是財產的分配。你們名下各自有什麼財產嗎？」大律師識趣地跳過詢問為什麼要離婚那部分。

「我們買的兩間房子都是登記在他名下，本來我想說這種見笑事不要給外人知道，自己私下辦一辦就好，可是跟他談，他居然說離婚可以，但房子一間都不分給我。我已經退休了，也不想去麻煩小孩，那算是我的養老金跟棺材本了，辛苦了一輩子，總不能一無所有啊！」

王婆婆的婚姻狀況，我是知道個七、八分的，她丈夫很少在家，不要說顧外的經濟了，顧內也從來沒有盡過照養小孩的義務。

「按照目前民法的規定，夫妻名下的財產是各自所有，登記誰的就是誰的，但是離婚時，可以向對方請求『剩餘財產』的分配，也就是兩人在婚後賺的錢，扣除了生活費用及婚後的負債，如果有剩餘，那麼身上剩餘財產較少的一方，可以向剩餘較多的一方請求其剩餘財產的一半。不過，繼承或無償取得的財產不列入計算。另外，如果你丈夫拿婚後賺的錢去清償他婚前的負債，這部分也是要拿來計算的喔！」

大律師先跟王婆婆說明一下目前的法令中，關於夫妻剩餘財產的計算方式。

知道王婆婆可能聽不懂，他簡單地幫她計算了一下。

假設王婆婆的丈夫名下的兩間房子共價值兩千萬，那麼，王婆婆大約可以跟丈夫請求一千萬的財產。至於他們出租的那間房子的租金，也可以列入財產計算的範圍。

於是，在我們的陪伴下，王婆婆提出了她人生中第一件訴訟，請求離婚。

「王婆婆，其實你可以要得更多。」

律師還特別釋放了一個大利多。

依民法規定，如果剩餘財產平均分配，對其中一方明顯不公平，那麼法院得調整或免除其分配額。王婆婆的丈夫打從結婚以來就沒盡過什麼家庭的責任，所以她甚至有機會請求法院在財產的分配上，分到比一半多更多。

「我們這一代的人，跟你們這代年輕人的想法不一樣。」王婆婆笑咪咪地跟我們說：「你們現在的年輕人，總是講求男女平等，什麼事都要放在天平上秤一秤平不平衡。對我們這代的女人來說，平等不平等在婚姻中根本不重要。」

聽到委屈了一輩子的王婆婆這麼講，實在很令人驚訝。

「婚姻中，還有很多事情更重要，例如我的兒女有個健全的家庭、我的父母擔心女兒嫁得好不好等等。在我們那個年代，維持一個正常的家庭，才能讓孩子在求學、成長的過程中無後顧之憂，也不會讓我的父母擔憂。你們追求的是自我的幸福，但我們更重視我們所愛的人的幸福，這並不是對錯的問題，而是選擇的問題。」

王婆婆啜了一口茶，繼續說下去。

「但是現在，孩子大了，我的父母也不在了，我想要好好過自己的生活，不想再跟他吵吵鬧鬧過下去，管他賭錢賭到幾點回來。對現在的我來講，最重要的是，如何讓我們兩老分開也可以各自活得好好的，而不是這輩子誰賺得比較多，誰就應該拿得比較多，斤斤計較。」

我和大律師都專注地聽著王婆婆的話。

「我們吵得愈久，子女不是也為我們為難更久嗎？就算他再怎麼不是，也是孩子的爸爸，總不能讓他窮困潦倒的還去求孩子。做了一輩子的夫妻，難道要讓他去睡路邊嗎？既然一半的財產就可以讓我安養晚年，我何必要去逼他上絕路？我書讀得不多，總還知道十年修得共船渡，百年修得共枕眠。」

一口氣講到這裡，王婆婆暫停了一下，接著再度開口。

「我拿我夠用的就好，剩下的，就留給他吧！」

王婆婆的一席話，如暮鼓晨鐘般在我和大律師的耳邊迴盪。

以往，都是大律師開導當事人要適時地退讓，像這樣被當事人開導，倒是頭一遭。

調解當天，王婆婆的丈夫一個人來，並沒有委任律師，一副胸有成竹的樣子。

原本，他態度強硬地說兩間房子王婆婆都放棄，他才願意簽字離婚，不然他明天就把房子賣掉，王婆婆照樣拿不到。聽他的語氣，似乎以為這一回，也能像過去的無數次一樣吃定了妻子吧！

但是，也幸好有他在庭上的這句話，成為我們後來聲請「假扣押」成功的關鍵因素之一。先把房子查封了，未來的剩餘財產分配鐵定跑不掉。王婆婆的丈夫私下問了律師之後，也就識時務地舉白旗投降了。

看到許多夫妻在離婚時為了財產的事撕破臉，爭論不下地想要取得自己的利益，王婆婆寬容大度的人生觀，真是給我們上了很有意義的一課。

能夠幫上王婆婆的忙，真好。

【法律悄悄話】

⊙民法中，關於「夫妻剩餘財產差額分配」是怎麼規定的？

依民法第一〇〇五條的規定，夫妻未以契約約定財產制，就是以法定財產制為夫妻財產制，而法定財產制之下，夫妻財產是各自所有的。

惟依民法第一〇三〇條之一第一項規定，於法定財產關係消滅時（例如離婚或一方死亡），夫或妻現存之婚後財產，扣除婚姻關係存續所負債務後，如有剩餘，雙方剩餘財產之差額．應平均分配。也就是說，即使是家庭主婦，也可以要求分得配偶婚後賺的錢。但是如果夫妻之一方對家庭完全沒有貢獻，平均分配顯失公平的話，法院得調整或免除分配。

不完美的完美

在婚姻中，對你來說最重要的是什麼？

「你有沒有想過，或許男女平等不見得是件好事？」法官問她。這位女法官，在家事界是出了名的不按牌理出牌，說出的話常語帶玄機，讓人猜不透。

法官的這一句問話，她當然不能接受。

自從和他結婚以來，她做的工作一樣也沒比他少，甚至應該說，他們的事業根本大大小小都是她在發落，家事也都是她一肩擔。如果這樣還不能要求平等，不是欺人太甚嗎？

她正準備反駁，大律師倒是先開口了。

「報告庭上，原告與被告結婚以後，隨即成立一家飾品業的進出口公司，由原告擔任負責人，惟該公司的經營管理多年來皆由原告負責，被告一個星期僅進公司一、兩次，也是和員工聊聊天隨即離開。該公司不管是財務、會計、人事或業務，全由原告獨自處理，被告從未置喙，對公司的經營顯然並無貢獻。被告要求剩餘財產平均分配，對原告來說相當不公平，依民法第一〇三〇條之一第二項的規定，夫妻剩餘財產之差額平均分配顯失公平者，得請求調整或免除分配額。」

雖然現在講求男女平等了，但仍然常常是太太默默地工作了多年，內外兩頭燒，先生卻在當大老爺。

「大律師，你先不要說話，讓我先跟兩造曉諭。」法官使出了她的拿手絕招。家事庭法官作風像她這樣強勢的，實在沒幾個，但這樣的風格，有時卻也照顧了不少弱勢當事人的權益，真是教人又愛又恨。

「法官大人，我不能接受！為什麼男女之間不應該平等？這麼多年來，公司都是我一手建立起來的，大小事務我一手包辦，每天從早忙到晚。他呢？把自己當董事長，睡到中午才起床，偶爾進公司就是跟員工打屁聊天，其他所有事情一概不插手，我都還嫌他耽誤員工的工作進度呢！說得露骨一點，他根本只會出一張嘴。事情都是我在做，錢都是我在賺，憑什麼要分他一半！」

法官不讓律師發言，她索性一股腦地將怨氣都發洩出來。

「回到家裡，他也只會看電視，一點家事都不做，我一忙起來幾天沒打掃、做飯，他居然還嫌家裡髒！覺得髒，他怎麼就不站起來打掃？家又不是我一個人的，家事應該共同分擔，憑什麼女人天生就應該負擔家事？要說體力，男人還勝過女人吧！我實在忍無可忍，與其當他一輩子的老媽子，我不如自己賺錢自己花，起碼下了班，我還是個貴婦，不用收他的啤酒罐跟菸蒂。講到這裡，我就有氣，說了一輩子叫他戒菸，從婚前我就說討厭菸味，到現在他依舊不戒，我實在忍無可忍！」她最後根本像是用吼的了。

法官真的很有耐心，願意慢慢聽她抱怨這些瑣事。

「被告有何意見呢？」法官轉向男方。他沒有委託律師，面對妻子的控訴，全程都是一臉無奈的表情應對。

「我覺得我太太講得太誇張了。男女有別，每個人本來就有每個人的本分，男主外，女主內，我從小接收到的觀念就是這樣，根深柢固了很難改變。雖然我沒有處理公司的一些『雜務』，但是我在公司的工作就是做決策，大事我作主，小事讓我太太去處理，平常出去社交應酬，也都是為了公司的對外關係，這是我們的工作性質不同，不能說我沒進公司，就表示我沒有參與公司的營運。另外我從小到大，家裡沒讓我做過一件家事，茶來伸手，飯來張口，這些事本來就是女人家該做的，為了這些理由就要提離婚，不會太小題大作了嗎？」他說。

看樣子，他還滿腹委屈呢！

「為什麼女人就應該做家事、做雜務？為什麼是我拿拖把，你蹺腳看報紙？為什麼是我記帳，你去外面逍遙？這一點都不公平！」女人大喊。

大律師開始後悔參與這場鬧劇了。

「你結婚是為了公平嗎？」法官冷峻的臉突然轉為溫柔，微帶笑意地看著她。「為什麼男女間一定要平等呢？」

被法官這麼一問，她突然為之語塞，半晌說不出話來。

「在我們審理的案件中，有的女性被家暴，有的女性遭到先生背叛，有的女性被精神虐待。你老公對婚姻忠誠，錢都交給你管，也不會對你大小聲。天下沒有完美的人，更不會有完美的婚姻，與其抱怨，為什麼不嘗試著去改變呢？如果你不想做家事，就去請鐘點的家事服務人員；你不想窩在公司，再多請個員工幫忙，你也可以去外面交際應酬啊！這就是你要求的平等嗎？那我可以告訴你，我看到的婚姻比不平等更不幸的狀況多太多了。你要不要再回去想想呢？在婚姻中，對你來說最重要的是什麼？而不要一直想你不要什麼。」

法官的話雖不是什麼驚世大道理，卻讓家事法庭內的每個人都沉默地陷入思考。

❦

「後來呢？」我一邊吃晚餐，一邊聽著大律師的轉述，饒富興味地問。

「她答應法官要回去想想，下次再調。」大律師目不轉睛地看著電視，一副意料之中的樣子。「不過啊，這種話要法官說了才有用，其實委任時，我就勸她很久了，她都聽不進去。」

「那今天碗給你洗。」話說回來，大律師在家裡也是那種叫都叫不動的大老爺，所以我故意試探性地說。

「不要啦，開庭很累耶！」男人，果然是一個模子印出來的。

「那我的起訴狀也要把你不洗碗寫上去，看你會不會遇到那個法官幫你說情。」我半開玩笑地說。

大律師聽了哈哈大笑，不過，他還是坐在沙發上，不動如山，哼！

婚姻生活的經營之道，就是學習在失望中找到希望，在平淡中擦出火花，在悲觀時絕不放棄。雖然沒有完美的婚姻，但或許，你還是期待兩個人多過於一個人。

【法律悄悄話】

⊙家庭生活費用的分擔，法律有明文規定嗎？

依民法第一〇〇三條之一規定，家庭生活費用，除法律或契約另有約定外，由夫妻各依其經濟能力、家事勞動或其他情事分擔之。因前項費用所生之債務，由夫妻負連帶責任。

十年河東，十年河西

人生啊，永遠都要懷抱希望。

「媳婦不能繼承公婆的財產？那我為什麼要對他們必恭必敬，百依百順？這麼說來，我多年的付出不都白做了嗎？」

大律師聽了她這一席話，一臉的無可奈何。我也偷偷在她背後咋舌。她垂頭喪氣的樣子，像是一個原本滿懷希望的投資人，聽到投資的股票突然宣布下市的模樣，不禁讓人覺得有幾分逗趣。

「你怎麼會有這樣的誤會呢？」大律師問。

民法上，第一順位的繼承人是被繼承人的配偶及子女，我還以為是眾所皆知的事情，居然會有人以為媳婦也有一份繼承權，還因為盼望著這份繼承權，盡心盡力地侍奉了公婆多年。這樣的情況，我們倒是頭一回遇見。

「我一直以為是這樣啊！我真是倒楣。律師，你確定嗎？」她氣急敗壞地再問了一次。

這倒也是，眼看多年的勞心勞力就要付諸流水，教她如何接受？

「除非公婆自願把遺產用立遺囑的方式贈與給你，這在民法上叫做遺贈。」

「不可能的！最近我跟老公鬧得不可開交，他們防我都來不及了，怎麼可能立個遺囑把財產留給我呢？」

她挫敗地癱坐在椅子上，不敢置信自己居然做了場賠了夫人又折兵的買賣。

她是個四十多歲的家庭主婦，嫁入他們家之後，就生兒育女、操持家務，並且侍奉公婆加晨昏定省，雖說不上是個一百分的完美媳婦，但也算是既有功勞，也有苦勞。

脾氣急躁的她，常常跟丈夫為了小事起爭執。最近丈夫失業在家，衝突的情況愈演愈烈，讓她突然想到，如果兩人走上離婚一途，她辛苦了一輩子能夠得到什麼。

「那我們現在住的房子呢？這是公婆在我們結婚時，以贈與的名義過戶到我丈夫名下的，應該算婚後財產吧？不是有個什麼剩餘財產分配嗎？那是什麼意思？」她眼中突然出現一線曙光，晦暗的臉龐也突然間明亮了起來。

大律師化繁為簡地解釋給她聽。

「你指的是『夫妻剩餘財產差額分配』。假設你先生婚後賺的錢花到剩一百萬，而你婚後賺的錢花到剩五十萬，差額就是五十萬，你可以向你先生請求二十五萬的財產差額分配。」

大律師是用最簡單的方式解說給她聽。事實上，剩餘財產分配的計算方式還滿複雜的，婚前、婚後的財產也不容易清楚地計算，一般來說，不能證明為婚前或婚後財產的部分，法律上就推定為婚後財產，要拿出來做分配。

「照您這樣說，我們住的房子就是婚後拿到的，所以我可以分囉？」她欣喜地問。

看她像個孩子一樣心情起起伏伏，突然覺得她也有純樸可愛的一面。

「抱歉，」大律師實在不想戳破她的美夢，但是該說的還是得告訴她，「因繼承或其他無償取得的財產及慰撫金，不列入分配的財產做計算。說白話一點就是，他爸媽送給他的財產，不論是婚前還是婚後，都不用拿出來分。」

在那一瞬間，我從她臉上看到「登愣」的表情。

「那房子的增值呢？我們結婚多年，房子在這幾年中增值了快一倍，增值的部分就算是婚後增加的財產吧？」她不死心地繼續追問。

大律師雖然不想打擊她，但也不得不狠下心，坦白以告。

「目前實務上的見解，都認為房租、利息等孳息可以列入婚後財產做計算，但是關於婚前不動產財產的婚後增值，目前看到的一些判決，都是認為不應列入婚後財產做計算。我想，這部分的希望不大。」

「那如果我離婚，豈不是一無所有了？我老公根本沒什麼存款，他的薪水不高，婚後賺的錢幾乎都因為生活開銷花掉了，哪有什麼財產可以做分配。」她說。

似乎是掂了掂斤兩之後，覺得不太划算，她又問：

「贍養費呢？聽說一些大明星離婚時都付出了一大筆贍養費，我為這個家付出了這麼多心力，可以拿到多少贍養費呢？」

我只能說，這個社會對女性還是有許多不公平的地方，因為我相當瞭解大律師接下來所說的話，對她來說將是沉重的最後一擊。

「贍養費的請求在我國有三大要件：一、對離婚無過失。二、僅限於判決離婚的情況。若是協議離婚，並無贍養費的請求權。三、必須因離婚而陷於生活困難。目前，實務上的判決對陷於生活困難的條件都相當嚴苛，我看你身強力壯，恐怕不容易透過訴訟拿到贍養費。當然，如果對方心甘情願給你，那又另當別論。」

經過她一連串的質問，大律師開始顯得老神在在，反正，最差也不過這樣了。

「沒關係，我有辦法。」她思考了幾分鐘，突然抬起頭，自信滿滿地微笑了起來。

「願聞其詳，我倒想聽聽你的辦法。」大律師很驚訝，她居然能比大律師更快想到解套的方法。

「我不要離婚了！」她簡短地說完，還煞有其事地賣著關子。

大律師一時之間露出困惑的表情。她剛進門時還指天劃地說這次非離婚不可呢，難道跟多數人一樣，「雷聲大，雨點小」？

「他的年紀比我大一輪，只要我撐得比他久，等他父母百年以後，他就是唯一的繼承人，再等他比我先走一步，遺產就是孩子和我的。我的孩子很聽話，所以遺產就等於全部是我的。結論是，我只要把自己的身體顧好，戲棚下站久了，就是我的！」

她興高采烈地打著如意算盤，講得口沫橫飛。

大律師聽了差點沒昏倒，怎麼會有這麼寶的當事人！我則是忍不住噗嗤一笑。她太天真了，等兒子娶了媳婦，看看會不會聽她的。風水輪流轉，十年河東，十年河西哦！

【法律悄悄話】

⊙只要離婚不是我提出的，就可以向對方請求贍養費嗎？

依民法第一〇五七條之規定，夫妻無過失之一方，因判決離婚而陷於生活困難者，他方縱無過失，亦應給與相當之贍養費。

由上列規定可以知道，在我國離婚要請求贍養費的門檻很高，因此，最好是在協議離婚時就先談好贍養費條件，以保障權益。

說分手的人，其實最痛

當你已經很努力了，對方卻無動於衷，分手只是最後的手段。

在律師事務所工作，見證離婚是家常便飯。通常，我們的做法是這樣的：

當事人雙方約好時間來事務所，然後粗略說一下離婚的條件，我們會用法律人慣用的文字繕打離婚協議書，雙方同意後，我們會提供兩位證人——通常是由我及事務所的法務擔任，若當事人特別要求，有時也會由大律師親自見證，但基本上效力是一樣的。

法院實務上，曾經有案例是離婚協議書由證人簽完後，再由其中一方當事人拿去給另一方當事人簽，結果被法院宣告離婚無效！因此，我們事務所一定都會確實做到兩位證人及兩位當事人，四人八手，當場面對面簽名、蓋章完成。

這些年來，見證離婚協議所遇見的光怪陸離，是說也說不盡的。

有一次，我幫一對夫妻見證離婚。他們兩人婚後一起做生意賺了錢，買了相鄰的三間店面，然而，生意做得愈大，雙方脾氣卻也愈大，動輒家中就要上演全武行。

離婚當天，雙方在現場你一言我一語地唇槍舌劍，互不相讓。

「一號、三號的兩個店面我要，五號店面給你，我可以另外給你現金三百萬。」女方一坐下來就雙手交抱胸前，抬著下巴先開條件。

男方嗤之以鼻地說：「你說什麼笑話！那三號、五號店面給我，一號店面給你，我另外給你三百萬。」

「不行！」女方想都不想就拒絕了。「三號店面給你的話，那我要七百萬。」這邏輯怪怪的。

「那不要離！」男方嗆聲，女方則是頭一撇就不說話了。

然後，我泡咖啡、上臉書、翻卷宗，都沒人要先開口。十分鐘過去了。

「先生、小姐，你們要做個決定吧！」要是我跟我老公有三間店面，一定不會吵架。

「小姐，這三千元給你當工本費，我們今天不離了。」男方把錢一丟，立刻快步走出事務所，女方跟在後面，出了門後往另一個方向快步離開，有如新版的「向左走，向右走」。

還有一回，是由一位女性打電話來預約協議離婚見證的，透過話筒，她的聲音聽起來就是個急性子。

見證當天，打從兩人一進事務所，女方就沒停止過咒罵，對比之下，男方的沉默倒讓人同情了起來。

其實我記不得她抱怨了些什麼。見證了數不清的怨偶協議離婚，分手的因素不外乎是出軌、金錢，還有婆媳問題。我常跟朋友說，離婚原因排行榜第一名是沒錢，第二就是有錢。

在她的滔滔不絕下，我打了密密麻麻的離婚條件，最特別的是，他居然照單全收！這在我們看過的怨偶中算罕見的。

整個過程，她一下要房子，一下要贍養費，連水電雜支都算得清清楚楚。我每打完一個段落便看看他，而他除了一臉的無奈，什麼意見都沒有，反倒是女方突然轉頭，忿忿不平地看著我說：

「他就是這德行，從結婚到現在，不管我怎麼抱怨，他就是不願意改。」

說真的，我實在很難有共鳴，我甚至還在想以她這種個性，他們到現在才離婚已屬萬幸了。

不過，贍養費寫清楚也好，因為很多人都誤以為離婚時可以跟國外明星一樣，向對方狠狠要一筆養老金。先不論依民法規定，配偶必須因為離婚而生活陷於困難，才能跟對方要贍養費，就連「協議離婚」本身都是贍養費請求的障礙，也就是說，在台灣必須要「判決離婚」，才能依法訴請對方付贍養費。因此，勸大家還是先顧好「剩餘財產分配」這塊餅，比較吃得到。

花了半個小時，終於，這對怨偶簽下了離婚協議書。這時，女方卻突然嚎啕大哭，讓我措手不及地到處找面紙給她。

送她到門口時，我於心不忍地輕聲告訴她，如果後悔了，不去登記的話都不算數。她卻沒有回應，讓人弄不清楚她離婚的真意有幾分。

或許當你很努力很努力，對方卻無動於衷，說分手，只是最後的手段。

見證離婚的場面遇多了，難免讓我對婚姻抱有比較悲觀的態度——直到那一次溫馨感人的離婚見證，讓我的想法有了改變。

那天的離婚協議見證，是女方的公公預約的。電話中，公公的聲音聽起來很親切，客客氣氣的，口氣像是要拜託我們幫忙，不像有些當事人說話聽起來像花錢的大爺一樣，粗魯又沒禮貌。

當天到場的除了小夫妻之外，還包括了打電話來預約的公公。

夫妻倆才剛坐下來，站在一旁的公公就率先開口：「小姐，他們要離婚，請你幫他們處理一下。」

我說：「阿伯，請您讓他們自己說好嗎？畢竟婚姻是他們兩口子之間的事。」

我心想，這又是一段公婆介入主導的婚姻，不太認同那位公公的做法，因此說話的口氣衝了點，沒想到，接下來的發展完全出乎我的意料！

阿伯搔搔頭說：「不好意思喔！那我先跟他們講一下。」

然後他低下頭，溫柔地對看起來才二十出頭的年輕媳婦輕聲說：「不要怕，你自己跟小姐說你想要離婚。」

女孩一開口，我才知道她是外籍配偶，害羞的秀氣語調更讓她像個孩子似的，令人心疼了起來。這麼年輕就遠走他鄉，嫁來台灣，還遭遇到離婚這樣不幸的事件，讓我的同情之心油然而生。

她怯怯懦懦，卻掩不住聲音裡的喜悅說：「小姐，我想要離婚。」看樣子，她也沒有太喜歡這家人，不然我很少看到離婚這麼開心的女方。

我轉頭看她丈夫，是個看起來忠厚老實的年輕人，雖然都已經坐在這裡了，我還是要向他確認雙方離婚的真意：「你也同意離婚嗎？」

他點點頭說：「我同意。」口氣平和，沒有一絲怨懟。

看多了當場上演全武行的夫妻，這麼和諧的場面倒讓我很不習慣。

原來，年輕的她原先是來台作看護的，後來經人作媒，才見沒幾次面，一個多月後就嫁給了他。

或許是太年輕了沒想清楚，婚後，她一直不適應婚姻生活，也沒辦法對丈夫產生感情，過得很不快樂。他們父子討論過後，決定放女孩自由，也因此出現了這幅友好和平的離婚場面。公公甚至請我特別在離婚協議書寫上，男方願給付女方新台幣二十萬元贍養費。

簽完離婚協議書後，公公當場拿了二十萬的現金給她，並拍拍她的肩膀說：

「現在開始你自由了，以後爸爸沒辦法照顧你，要好好照顧自己喔！」

她忍不住離情依依地哭了，我的眼眶也濕濕的。

長久以來，有很多外籍配偶在台灣過著不被公平對待的生活，很開心有這樣善良的一家人，好好地把她當作自己的親人一樣看待。

從那次以後，在見證離婚時，我都會盡量試著將場面導向和平收場。對於有子女的當事人，則希望能協助他們雙方在之後處理未成年子女的交往、會面及扶養費用時，可以比較順利。

畢竟，說分手的人，其實最痛。當你已經很努力很努力了，對方卻無動於衷，說分手，只是最後的手段。而些微的善意，或許能讓傷痛稍微減輕。

【法律悄悄話】

⊙什麼叫做「兩願離婚」？什麼情況可以請求「判決離婚」？

離婚的方式有二：

●兩願離婚：如果雙方均有離婚意願的話，得協議離婚，與兩位證人一同簽署離婚協議書後，至戶政機關為離婚登記。

●判決離婚：如一方不願意離婚，則得以民法一〇五二條所列之法定離婚事由，或其他難以維持婚姻之事由，向法院請求判決離婚，並於判決確定後單獨至戶政機關辦理離婚登記。

Part 4

放手高飛

擁有的愈多，想要的卻更多，
然而我們都忘記了，
一開始，我們其實什麼都沒有。

是變心？還是負心？

失去了，就是失去了。

女孩第一次走進事務所的打扮，實在很難不令人印象深刻。誇張得像大明星的太陽眼鏡遮住了白皙的臉孔，臉上一隅殘留的鮮紅唇妝顯得怵目驚心，而從她血紅色雙唇飄出的尖銳聲線，更讓人不敢恭維。

「我要找律師幫我打官司。」

帶著娃娃音的嬌嗔，大概會令不少的男人全身酥麻，而我還是只注意到她那俗麗——不！是豔麗的妝容。

她的案由不複雜：同居多年的男、女情人分手，男人要向她討回同居期間，寄存在她名下的存款。

這類案件很常見，多數出現在男方被女方甩了以後，想要回濃情蜜意時贈與女方的禮物。在我們常遇到的諮詢案件之中，有贈送手機的，還有名錶、車子、房子等等，連小狗來旺和小貓咪咪都有。

我對這位「台式偶像」心理上的大不敬，打從她進門時，看見她一身黑色鏤空上衣、內搭豹紋緊身褲，腳踏起碼五吋高的高跟鞋開始；但是，在她用同樣塗滿血紅色指甲油的纖細手指遞出存摺後，畫上句點。

存款餘額一千三百五十萬元！

我倒吸了一口氣。不是我沒見過世面，但是她充滿風塵味的外表——更正，是江湖味，真的很難相信會有男人把一千多萬存在她的名下。

「他說過這筆錢是給我當生活保障的，怎麼可以要回去！」

女孩說話時抬高了下巴，我注意到她有張漂亮的鵝蛋臉。雖然濃妝豔抹，但誇張的太陽眼鏡下，晶瑩剔透的皮膚令我十分欣羨，只是那教人嫉妒的膚質，卻搭上一口因抽菸而泛黃的牙齒，真是可惜了。

她滔滔不絕地訴說了一大堆男方的不是與負心，只是我實在受不了她高分貝的嗓音，因此幫她另外預約了大律師的諮詢時間，請她擇日再過來，與大律師商討案情並辦理委任。

答辯狀遞出去後，很快地，來到了第一次的調解期日。

當時還是我們事務所的草創時期，所內成員只有我和大律師兩人。調解當天的同一時間，大律師另有重大刑案庭要開，在女孩的同意之下，本次就先由我代理，出席調解。

誰知道，看到原告那一刻，說我是瞠目結舌一點也不誇張！

高大挺拔的身材，剛毅臉孔上的深刻五官，隨意蓄長的鬈髮略顯浪蕩不羈，讓我想起我年輕時代的壞男人代表——陳浩南，活脫脫是個教人垂涎的美男子！

男人不只擁有讓人無法忽視的過人外貌，氣度不凡的他，甚至一見面就先禮貌地握手、遞名片，還客氣地對我說：「麻煩你了。」

不過，我也不是省油的燈。從事我們這行，「雙面人」見多了，常常在人模人樣的背後，卻是個又打女人又吸毒的混蛋。

「她還是不願意把錢還給我嗎？」他一坐下來便開口詢問，語氣略顯不悅。

當然不悅，任憑誰掉了一千三百五十萬都不會太開心的。

「王小姐主張這筆錢是您當初同居時，為了讓她有生活保障而贈與她的，沒有權利現在變心了就要她返還。」我清清喉嚨，一板一眼地慢慢轉述女孩的說詞。當然我也知道這是廢話，對方要是也認為那筆錢是贈與的，今天就不會坐在這裡了。

「浩南」也不囉嗦，攤出一本女孩親筆寫下的收支帳簿放在桌上，堵住我本來反覆練了好幾回，現在卻派不上用場的台詞。

帳簿中，清楚記載了這筆系爭款項歷年來進出的各種細項及名目，多數是用來支付「浩南」的一些事業開銷。

我心知肚明，這本帳簿是這場訴訟的關鍵證據。從表面上看來，她是幫他管理金錢帳務的。

只是我不解，他的起訴狀裡為何沒提到這本帳簿，這樣的證據光是從刑事侵占罪下手，就夠她嗆的了。

「變的不是我。」「浩南」說。

我狐疑了一下，我們該不會又被當事人給矇了？律師在法庭上才發現當事人該說的沒說造成被突襲，向來不是新鮮事。

「浩南」開了口，繼續向我娓娓道來……

第一次遇到女孩時，她才二十歲，在一家美容院當洗頭小妹。

初出社會的她，一頭清湯掛麵、烏黑亮麗的長髮，清秀白皙，不施脂粉，有著純樸的南部人個性，說話還帶點可愛的傻氣。這樣不經世事的女孩，讓他忍不住著迷了。

熱戀中的兩人因為口袋空空，所以約會只能跑遍各大夜市。女孩單純又沒心眼，夜市的一碗紅豆湯跟純糖麻糬，就讓她滿足地沉浸在戀愛的喜悅中，那是他們交往以來最快樂的一段日子。

後來，他和朋友有一些不錯的投資機會，便把她帶在身邊管管帳，在台北獨居的她順理成章就跟他同居在一起。

只不過，畢竟那是他男人幫的社交圈，慢慢地，她覺得跟他的朋友沒有話說，於是他出門經營事業，無聊的她就在家上網交朋友解悶。

兩人的經濟情況，因為男人發展順利的事業而逐漸轉好，只是他也愈來愈忙，基於對她的信任，同時也為了給她安全感，他將賺到的錢都交給女孩保管。

「錢放我這裡，其他女人才不會靠近你。」她總愛這樣對男人撒嬌。

可是，無聊的年輕女孩需要陪伴。

漸漸地，她喜歡上了跑夜店的生活，打扮開始講求時髦，名牌包包一個個買，交友圈變得複雜，個性也逐漸改變。她在喝了酒之後，喜歡聚眾鬧事，常常到清晨才回家。

和他聚少離多之下，女孩也變得善妒又容易歇斯底里，甚至還開始抽菸，離那個剛上台北時，善良純真的她愈來愈遠。

隨著吵架、摔東西的頻率增加，兩個人之間的距離也愈來愈遠。

而最後，就在男人提出分手的那天，她甩了他一巴掌，拖著行李，搬出兩人同居多年的住處。

接下來的情節應該很容易猜到，那筆兩人一路走來攢下的一千多萬，成了這對分手的情侶，唯一的聯繫因素。

他們兩人不是夫妻，沒有離婚剩餘財產分配的問題。這時，就牽涉到了這筆錢的定義是什麼。

若是他送女孩的，那就不能請求返還。如果是他寄放在女孩那兒的，依法，她就負有返還寄託物的責任。

看到那本她幫他記錄收支的帳本，我心中難免有些許的不安，於是他同意，讓我回去跟她商量返還部分款項的可能性，希望可以在下次的調解庭上和解。

再一次地，女孩又戴了誇張的太陽眼鏡，塗著大紅色唇妝，坐在我面前。這真的是他口中那個像小龍女般清純的女生嗎？

當我把男人的話鉅細靡遺地轉達給她的同時，其實也八卦地想知道他的話有幾分真實性。律師事務所常常被當事人蒙在鼓裡，特別是她從來沒提過的那本帳簿。

「如果我的無理取鬧，只是希望他可以像剛談戀愛時那樣把我捧在手掌心照顧，而錢不還他，只是不想要就這樣分手了，那還能說改變的是我嗎？」

我最怕當事人老愛丟一些非法律相關的問題要我解答。只是這次沒等我回話，她下一秒就哭得唏哩嘩啦，妝容全毀。遞給她的衛生紙，在她拿下太陽眼鏡擦眼淚後，也被她的煙燻妝跟厚重的底妝弄得黑一塊、黃一塊。

「他出庭的時候，是不是帶著『她』？一個像他記憶中小白兔般的女生？」

通常某些問題，當事人雖然問了，但夠聰明的話，你就不要選擇回答。

見我沉默，她繼續說：「算了！失去了就是失去了！男人要變，什麼都可以當理由，就像改變的我，也不可能再回到過去當他的小白兔。就依他要的金額，我會匯還給他。」

說話不再尖銳犀利的她，哭花了妝的臉，彷彿可以看見當年那個巧笑倩兮的女孩。

女孩起身離去，蹬著她似乎偏愛的豹紋高跟鞋，我這才發現，有幾個打扮不太正派的小伙子在事務所門外等她。

我衷心希望，她跟著他多年僅存的這筆錢，不會很快在這群小毛頭中揮霍掉。

【法律悄悄話】

⊙「贈與」可以撤銷嗎？

原則上，贈與他人的物品是無法撤銷贈與的，除非遇到以下幾種特殊狀況，才能夠撤銷贈與：

一、贈與附有負擔者，如贈與人已為給付而受贈人不履行其負擔時，贈與人得撤銷贈與。也就是說，在贈與時以履行一定的條件為前提，受贈人卻未按照講好的條件去履行的話，此時贈與人得請其履行條件或直接撤銷贈與。

二、受贈人對於贈與人、其配偶、直系血親、三親等內旁系血親或二親等內姻親，有故意侵害之行為，依刑法有處罰之明文者。

三、受贈人對於贈與人有扶養義務而不履行者。

如果以上這些狀況都沒有，贈與人是無法將已交付的贈與物請求返還的。因此在實務上，通常贈與人若在贈送物品後反悔，就會主張當初物品是寄放在對方處、借對方用的，或是主張贈與的不動產是借名登記的，另闢蹊徑。

未完成的婚禮

不要錢的，最貴。

那是一位六十多歲的外省老伯伯。來到事務所那天，伴著他的是他的一雙兒女，因為放心不下，所以專程陪父親來聽聽律師的意見。從三人間的互動看得出來，親子之間的感情很好，應該是個父慈子（女）孝的家庭。

通常上律師事務所，都不會有好事。曾有位來諮詢的當事人打趣地說，雖然很感謝律師的熱心，但是每次離開的時候都不知道該不該說「再見」，大律師聽了，也只能苦笑以對。

老人家為什麼會有需要來找律師呢？

其實阿伯一家人的個性都很溫和良善，在這件事情發生之前，從來沒上過法院，找律師諮詢也是大姑娘上花轎，頭一遭。可是，這回吃的悶虧實在是太大了，一家人商量總不能就這樣息事寧人，因此在收到檢察署的不起訴處分書後，還是想找個律師問問意見，再決定要不要善了。

阿伯和「她」是在公園運動時認識的。四十多歲的她風韻猶存，淡施薄粉，比起同年紀的女人更有一種脫俗的氣質，也因為如此，阿伯在巧合似的碰見她幾次後，對她頗有好感。

剛離婚不久的她，因為沒有子女，每次聽阿伯談到，雖然喪偶多年偶爾會略感寂寞，但孝順的兒女跟可愛的孫子們常回家陪伴他時，總是十分羨慕，於是，阿伯時常邀約她在子女們回家團聚時，一同感受一下天倫之樂。

或許是因為多年家庭主婦的身分，她燒得一手好菜，每次阿伯的兒女回家時，這位阿姨總是自告奮勇，為一大家子張羅晚餐，餐後還順手將家裡整理得井井有條。阿伯頗不好意思，常送她一些小禮物聊表心意。日子久了，兩人與其說是忘年之交，倒不如說像是遇到晚春的一雙老少配。

一開始，阿伯對她也不敢有非分之想，畢竟兩人的年紀差了這麼多。

雖說人生七十才開始，但想想，妻子走了這麼多年，自己也已白髮斑斑，儘管身體還算硬朗，可是這把年紀了，健康狀況也說不準，兩人之間要是有個什麼牽掛，反而可能會連累她，耽誤了她的下半輩子。因此，阿伯總是紳士般地跟她保持適當的距離。

倒是阿伯的兒女在一旁乾著急。母親走了多年，他們又各自成家，事業、家庭都忙碌，無法盡心地侍奉父親。有一段時間，他們曾勸父親找個老伴度過晚年，然而，或許是從前和母親感情太好了，一時之間不習慣、也找不著合適的對象，他總是一再推託。

隨著阿伯年紀漸大，找伴也愈來愈困難，這件事就這麼擱著好幾年。現在有個年紀、體力都適合照顧他們父親的最佳人選，孩子們當然是不停敲邊鼓，想盡快成就這樁美事。

對於阿伯兒女有意無意地湊合，她居然也不拒絕，於是就在兒女的祝福下，阿伯和她順理成章地認定了彼此。從此，兩人的出入愈發像一對伴侶，阿伯的兒女也樂見其成，準備隨時為父親和阿姨辦喜事。

過了大約半年，阿伯的兒女突然發現，最近回老家團聚時都少了阿姨出來招呼。一開始，阿伯說她臨時有事，但是，連續好幾次都沒有見到她的身影，兒女開始覺得有點詫異。在他們的眼裡早就把阿姨當作一家人，像個家中的長輩一樣尊敬，因而忍不住向阿伯追問。

起初，阿伯吞吞吐吐地不願意說，兒女以為他們吵架了，心想父親好不容易得來的晚年伴侶就這樣落空了，十分可惜，因此嘗試想要勸合。後來才在父親有一搭沒一搭的回答中得知，阿姨已經好一陣子沒有跟他聯絡了。

一開始，阿伯打電話給她，但她推說太忙，沒時間見面，後來連電話也不接。阿伯索性跑去她賃居的住處找人，才聽鄰居說，她已經搬走了！

兒女覺得十分奇怪，相處得好好的，怎麼會突然這樣消失呢？其中一定有什麼內情，要父親仔細想想。拗不過兒女的追根究柢，最後，他終於一五一十地說出了實情。

原來，在阿伯和她認定彼此的幾個月之後，某天，兩人在討論婚事的籌備時，她輕描淡寫地提到，自己名下還有一間未清償貸款的不動產。

「我現在還算年輕，如果要結婚，是不是應該給我一個保障呢？」

她提出了不情之請，希望阿伯能以結婚為前提，幫她清償貸款，讓她無後顧之憂。

聽到她的要求，阿伯覺得也不算過分，畢竟自己長了她快二十歲，如果最後早一步先走，剩下她一個人孤零零地，很有可能還有長遠的路要過下去，對她來說實在不夠公平。若兩人結婚了，幫她清償掉房屋貸款，讓她晚年有個安居的住所，算起來也是一個做丈夫的基本義務。

只是，畢竟還沒有登記結婚，就這樣把好幾百萬的現金贈與給她，好像也說不過去，於是兩人說好了簽下一份協議書，給彼此一個安心。

……雙方相知相惜，認定彼此，女方願將男方之兒女視如己出，互相扶持，相愛一輩子，男方為保障女方之生活，願為其清償名下不動產之貸款，特立此據，以昭信守。

雙方立據後的隔天，阿伯就將自己退休金的一部分轉進了她名下，並開始籌劃婚事。

「接下來，她就慢慢失去了聯絡，最後不見蹤影嗎？」大律師再次向阿伯確認。

阿伯不好意思地點點頭，畢竟發生這種事情也不光彩。

本來他是想自認倒楣，不願追究的，但是孩子們告訴他，或許那個女人就是以此為業，專門做感情詐欺，要是就這樣放過她，以後不知道還會有多少受害者！

經過一番勸說，阿伯終於決定挺身而出，由兒女陪同去警局報案，告那個女人詐欺。沒想到好不容易走完了偵查程序之後，他們收到的竟然是檢察官的「不起訴處分書」，認定罪證不足！

檢察官認為，他們無法證明這個女人一開始是基於詐騙的意思，才與阿伯愈走愈近，定下婚約，況且，一開始把他們湊成一對還是兒女的意思。至於兩人間的那份協議書，請他們走民事程序去解決，這也就是他們今天來事務所的原因。

「在實務上，其實有不少這樣的案例。建議您，可以把這份協議書當作你們倆之間的婚約。而房貸清償的部分，可以當作對方應履行結婚義務的贈與。」

大律師說到一半，看看阿伯似乎跟不上了，於是換個方式向他說明。

「阿伯，你可以主張你幫她還房屋貸款，是以她跟你結婚為前提，現在她不履行婚約，那你就要撤銷贈與，請她把錢還給你。」複雜的事情簡單說，一直是大律師的強項。

「唉！本來是想幫爸爸找個老來伴的，沒想到，反而讓爸爸的退休金損失了一大半。」臨走前，阿伯的兒女自責地討論著。

送走他們之後，我跟大律師開玩笑說：「如果有一天我先走一步了，你也可以找個老來伴啊！我不會介意的。」

「不要錢的最貴！」大律師吐吐舌頭說：「我還是請兒子幫我請個漂亮一點的看護就好。」

【法律悄悄話】

⊙在民法中，關於「婚約的履行和贈與」規定為何？

民法第九七九條之一規定：因訂定婚約而為贈與者，婚約無效、解除或撤銷時，當事人之一方，得請求他方返還贈與物。

想念

有人一心只為你著想，那份愛是何等珍貴。

那個下午雲淡風輕，徐徐的風迎面吹來，是個讓人感覺神清氣爽的好天氣。

就像她一樣，給人一種輕鬆自在的舒適感。

女人留著一頭俐落的短髮，整齊劃一的劉海，讓三十幾歲的她看起來比實際年齡小上許多，如果不是和這一老一小在一起，乍看之下，倒像是個初出社會的新鮮人。

她走進事務所時，一手牽著漂亮得像洋娃娃的五歲女兒，另一手則牽著年逾七旬的母親，彷彿一幕溫馨感人的電視劇畫面。

我領著老、中、幼三人坐到會議桌旁，她一邊輕聲安撫著活潑好動的女兒，一邊扶著年邁的母親安坐下來。

不知道為什麼，我忍不住端詳起那位老婦人。

她身上穿著菜市場裡歐巴桑常見的花色上衣，搭著看起來像是夜市成衣貨的七分牛仔褲，外表和一般同年紀的老人家沒什麼兩樣。只是她的兩眼空洞無神，布滿老人斑的面孔讀不出情緒，然而，緊鎖的眉頭又像存有什麼憂慮，坐下後，滿布皺紋的雙手十指交握，看似緊張地微微抖動著，下身不安分地不停挪動位置，像是不太習慣這個環境似的。

「律師，您好。」女人有禮貌地先開口，同時一隻手伸向了老婦人握住她抖動的雙手，像是要安撫老婦人的緊張，讓我對她留下了極佳的印象，看樣子，她應該是貼心、孝順的晚輩。

「這是我的母親，我今天是來請教有關聲請監護宣告的問題。」她的聲音輕柔中帶著堅定，或許是考慮了很久，終於下定決心了吧！

什麼是監護宣告呢？說得白話一點，就是幫無自主能力的成年人，選任一位法定代理人，來處理他的財產相關事宜。

大律師輕輕點了點頭。她彷彿受到了鼓舞，將母親的事娓娓道來。

她的故事其實很平凡，甚至你和我都有可能遇上，也或許因為她的年紀跟我差不多，同是女人，因而讓我特別感同身受。

結婚六、七年的她，有個可愛又聰慧的五歲女兒，一路幸福順遂的人生，讓年齡在她身上絲毫起不了作用。

身為獨生女，雖然家中經濟並不特別富裕，但是毫無疑問地，她過了三十幾年掌上明珠的生活。從小到大父母的寵愛，延伸到婚後丈夫的疼愛，從來沒有煩惱過經濟來源，沒有任何的風霜歷練，在她眼神中，還是展露著小女孩般毫無心機的清澈。

一切要從半年前，老婦人無預警的一場中風說起。

那天，她在工作中接到父親的電話。為了避免打擾女兒，父親從來不會在她上班時聯絡，因此當電話響起那一刻，她彷彿有了預感，人生即將面臨一個急轉彎。

「你可以過來馬偕醫院急診室一趟嗎？你媽中風了！」

她心中一震，一時間腦袋亂哄哄的，也不知道該問父親什麼，只能匆匆忙忙交代了工作以後，趕緊搭計程車飛馳至醫院。

急診室裡，訪客來來往往，每個病床上都躺著或哀號、或沉睡的病人。

第一眼看到躺在病床上闔眼休息的母親，和站在一旁驚慌失措、六神無主的父親，她心中揪了一下。

前幾年才離開職場的父親，自從退休之後，頭髮斑白了許多，臉上的斑點和皺紋也急遽增加。原本常摟著女兒，誇耀著自己是她一輩子靠山的父親，此時顯得蒼老而無助，只是握著妻子的手反覆問著：「你現在覺得如何？」

母親是在廚房裡忙碌時，突然摔倒在地上的。

原本約好當天晚上她和丈夫下班後，到幼兒園接了女兒就要回娘家吃晚餐。愛屋及烏的母親，爐子上還沸騰著女婿最愛的東坡肉。

每次母親只要煮這道拿手菜，丈夫總愛討好岳母說：「媽，光是這鍋就可以讓我吃掉三碗飯囉！」

「吃就吃，我煮了整鍋的飯等你！」母親也總是被哄得笑到闔不攏嘴。

母親倒下的那一刻，幸好父親及時發現，在最快的時間內將老伴送到了醫院。

她在急診室裡和醫生看了X光片及斷層掃描，證實是腦出血。母親腦部的大片血跡著實讓她嚇了一跳！最後醫生的診斷是，請她替母親辦理住院，並施予降顱內壓的藥物。

之後的治療還算順利，不久後，母親便出院，回家休養了。

不同於有些中風患者在急性期過後留下臉歪嘴斜的後遺症，母親回家後，除了比以前安靜跟容易疲憊之外，並無其他的異狀。她也鬆一口氣，結束了這段期間，在醫院、公司和家庭三頭燒的生活。

然而，母親接下來的改變發生得毫無預兆，讓她措手不及。

一開始，母親三番兩次地突然在上班時間打電話給她，焦急地說：「你爸爸不見了！」

她趕緊打父親的手機聯絡，父親卻一副莫名其妙地回答：「我有告訴她我到樓下便利商店買個東西啊！她才剛出院，我怎麼可能亂跑。」

雖然她心中詫異，但也不以為意，安慰自己或許母親是大病初癒，才會有時候犯糊塗。

之後，母親覺得無聊而試著想重回廚房，但父親私下告訴她，母親要不是沒加鹽，就是加了兩次鹽，煎魚有時會因為發呆而燒焦，煲湯滾到淋熄了爐火還沒發覺，飯也常煮得半生不熟。一輩子沒進過廚房的父親，只好三餐都買自助餐讓兩人裹腹。

接下來的日子裡，有時母親會抓著父親的手一直重複講以前的事情，有時候又一整天一句話都不說。

那天，她回娘家看母親時，母親居然偷偷把她拉到房間裡，說父親想要害她。而且才剛吃完飯沒一刻鐘，母親卻嚷著該吃飯了，真的吃兩口之後又喊著咬不動，即使她已經像母親小時候餵養她那樣，把食物剪得碎碎的。

看著母親逐漸消瘦，她對於其中的變化心裡有數，於是帶著母親到醫院回診。「中風合併的腦部退化及阿茲海默症是不可逆的，只能控制不再加速惡化。至於行為和認知功能異常的話，則需要用藥，要由神經內科醫師與精神科醫生共同介入治療。」

醫生說的話，對她來說並不難懂。她難以理解的是，一向健康強韌的母親，這一倒下去怎麼會如此嚴重？

她心存僥倖地懷抱希望，或許照醫囑定期服藥，情況會有改善。但是母親非常抗拒吃藥，甚至開始懷疑女兒逼她服藥是想毒害她！因此光是要她吞下藥丸，就得花上半個小時又哄又騙。有一次，為了逼母親吞藥，她甚至差點自己親自示範吞下藥丸，母親才就範。

但即使如此，母親的情形卻每況愈下。

她每天下班後會回到娘家煮飯，餐後和父親一起幫母親洗澡。漸漸地，她瞭解這樣下去不是辦法，開始規劃幫母親請外籍看護。未來的日子需要的花費不少，以前父親為了給母親安全感而安置在母親名下的所有資產，也需要提領變現，供作漫漫長路的醫療照護運用。

於是，她來到事務所，請教聲請監護宣告的相關問題，以便幫母親處理財產相關事宜。

我們聊了很久很久。在對談過程中，五歲的女孩看卡通看得津津有味，倒是老母親一直坐不住，好幾次吵著要回家。

「每次跟女兒在一起的時候，我都會想起小時候和媽媽在一起的情景。」

她彷彿找到了一個傾瀉的出口，一股腦兒地把這陣子想說卻不能說的話，都倒了出來。

「我母親是個全職媽媽，她的人生彷彿只有我跟我父親。在我的印象中，我們家很少外食，都是母親掌廚，她煮得一桌好菜。母親的菜以前吃來只覺得習慣，現在想起來卻覺得美味無比。每當一想到那些味道只能留在回憶裡，而換我煮菜給她吃，卻怎麼也煮不出她的味道，我才知道自己以前有多幸福。

「母親還沒生病時，我每次從娘家離開，她總愛塞給我一些她預先做好的熟菜，讓我下班回家可以少花點時間準備晚餐。還常常醃一些醬菜或泡菜讓我帶回婆家，叮嚀我要懂得做人，才會討婆家喜歡。以前嫌麻煩，現在母親再也沒辦法幫我準備了，我才知道有人這樣一心只為你著想，怕你過不好，怕你沒人疼，其實有多珍貴。

「我總以為，時間還很多，我想要為父母做的都可以再等等。現在聽到醫生說，母親可能會慢慢地認不得身旁的人，我就覺得好害怕。以前答應帶她去北海道，拖了好幾年還沒實現諾言；每次她打電話來，我就嫌囉嗦急著掛電話，多嘮叨幾句我還不高興；買衣服給我，我嫌不時髦；甚至有一次她說要拿東西過來給我，我覺得很累想休息，還騙她說我不在家……」

說到這裡，一直故作堅強的她，聲音逐漸哽咽。

居然就在這時，她的母親輕拍著她的背，溫柔對她說：「不要哭……不要哭。」她轉過頭，破涕為笑地對母親說：「不哭。」

那一刻，我發現這些變故，讓她從小女孩變成一個真正的母親了。我想，她的母親如果有神智清醒的時候，一定會為她感到驕傲與欣慰。

【法律悄悄話】

⊙什麼是監護宣告？

關於監護宣告，請容許我引用司法院網站上的「法律小辭典」：

對於精神障礙或其他心智缺陷，致不能為意思表示或受意思表示，或不能辨識其意思表示效果者，法院得依聲請人之聲請，為監護之宣告。此時該受監護宣告之人成為無行為能力人，法院除了同時選出一位監護人來擔任他（她）的法定代理人外，也會再選一位適當的人跟監護人一起開具受監護宣告人的財產明細清冊。

※資料來源：www.judicial.gov.tw/P/sdlaw02_06_01_8.html。

煎熬

手足互告，令人心裡無限唏噓。

男人第一次走進事務所那天，外面下著滂沱大雨，雖然穿了雨衣，依舊抵擋不了風雨吹襲。

他才走了進來，卻又馬上退了出去，跟我道歉把事務所的地板弄濕了，堅持在屋簷下脫掉雨衣才願意再進門，這一耽擱，門外的風雨馬上又把他全身給打濕了。這下他進退維谷，更是猶豫了老半天，最後終於決定走進來。

他是個四十多歲的單身漢，或許是因為多年來日曬雨淋跑外務的關係，他的前額微禿，頂上的毛髮也略稀少，凹陷的雙頰，更有一種歷經風霜的滄桑。

一開始他吞吞吐吐的，我還以為他做了什麼虧心事，說不出口。這倒新鮮，我們事務所來來往往的當事人這麼多，倒是鮮少心虛的。多數的人即使是被告，也都有充分的理由與無辜，像他這樣半晌說不出話來，肯定是特心虛了。

結果出乎我意料的是，要提告的原來是他。案由其實相當光明正大，說句不客氣的話，該心虛的應該是那個對造——他的哥哥吧！

該從哪裡說起呢？

自從父親早逝後，他們兄弟倆就是由母親一手拉拔長大的。那個年代，一個女人要獨力掙錢養大兩個孩子，怎樣的含辛茹苦就不用說了，更別談有什麼資產留給他們，只求兄弟倆早日成家立業，她也就對得起他們父親，以後在黃泉路上才能理直氣壯地去見先夫。

老大倒是不負她的期望，順利地成家立業，做的雖然不是什麼了不得的大生意，但總還能養家糊口，因此，在老大結婚之後，母親把身上攢的錢多數給了老大。並不是她有什麼長子為大的觀念，只是在那當口，先救急讓小倆口有個安身立命的處所，等他們站穩了，再回頭來扶持小兒子這個羅漢腳也不遲。

話說在前頭，這並不是個溫馨感人的故事。

可以預見的是，通常哥哥並不會認為自己對弟弟有什麼義務。想當然耳，就哥哥的立場而言，錢不是弟弟拿出來的，沒理由來算這筆帳，更何況弟弟自始至終都沒有成家，一人賺一人飽，沒有什麼需要哥哥幫忙的。

兄弟倆分家以後，兄嫂小日子過得也還算愜意，然而，他和母親就沒這麼順利了。或許是年輕時勞累過度，母親的體力衰退得很快，連帶身體健康也大不如前。漸漸地，她的神智沒那麼清楚，之後還罹患了阿茲海默症，病情時好時壞。

他懷著對母親拉拔長大的感恩，把時間跟精力都花在照顧母親上，因而錯失了許多良緣。

不過話說回來，畢竟家中有個亟需照顧的母親，就算再好的良緣，看到進門後得扛下的責任，照樣也會連滾帶爬地奪門而出。如果他的經濟能力尚可，或許還有點機會，偏偏母親的身體每況愈下，醫療照護費用又不低，他幾乎花盡了身上的所有，更不敢奢望能像哥哥一樣娶妻生子了。

「哥，媽的照護費用，你可以幫忙負擔一點嗎？」

他三番兩次向哥哥求助，但是都被打了回票。哥哥不是說家裡開銷大，就是拿小孩要繳學費當藉口，從來都沒拿出分文來分擔母親的扶養費。

他的心裡漸漸對兄嫂有了嫌隙，卻也不願發作，畢竟母親還在，這種兄弟反目的大不孝可能會刺激她的病情，枉費了自己多年來盡心照顧的孝心。

一直到母親的病情急轉直下，急病過世後，他處理完母親的後事，才終於走進了律師事務所，準備算清多年來的這筆帳。

他要的不多，只想知道，自己一肩扛下的重擔，有機會跟棄他與母親不顧的兄長討回嗎？

「當然可以囉！實務上，很多案例是用不當得利的法律關係，來請求其他扶養義務人返還代為給付掉的扶養費用，前提是你母親的經濟狀況是自己不能維持生活。所以在母親的存款用罄之後，你用自己的錢來墊付母親扶養費用的那部分，可以向你哥哥請求分擔代墊款項的二分之一，包括你說的醫療費用、你自己請假照顧母親時相當於看護的費用，一般是以每日兩千元為計算標準。其他像食、衣、住、行、水電、瓦斯等費用雖然沒有單據，但是通常會以內政部公告的生活費標準計算，再扣除你母親生前領的老人年金，大約就可以計算出來。對了，母親的喪葬費用，你也可以跟哥哥請求代墊的二分之一。」

類似的話，大律師已經說過好幾次了，對於這一類父母扶養費的糾紛，他也算是司空見慣。

而我是很同情他的。為了照顧母親，他耽誤了自己的婚姻大事；他的哥哥享盡了資源，卻不願意回饋給家裡，自私地只顧自己一家的溫飽。

只是每次遇到手足互告，總令人感到無限唏噓。我的心裡迴盪起那首千古傳誦的七步詩：「煮豆燃豆萁，豆在釜中泣，本是同根生，相煎何太急。」

看來手足相殘的故事，即使穿越了千年，依舊會無止境地重演。

【法律悄悄話】

⊙何謂「不當得利的法律關係」？

民法第一七九條規定，無法律上之原因而受利益，致他人受損害者，應返還其利益。因此，如果扶養義務人因履行其本身之扶養義務，致其他扶養義務人不必盡其應盡之扶養義務而受有利益，而履行扶養義務者已逾越其原應盡之義務，得請求未盡扶養義務者償還代墊其應分擔之扶養費用。

無罪的罪人

有人負責受傷，有人負責坐牢，難道這才叫公平嗎？

那是我們剛開業時的事了。

就像每個外科醫生手術刀下，都有第一個救不回來的病人，每位律師口下，也幾乎都有第一個走進牢獄的被告。

當時才剛創業不久，事務所只有大律師和我兩個人，我們租了一間十幾坪的辦公室，創業的基金還是信用貸款來的。

在我的助理桌旁，是大律師那張不算大的會議桌。那天，我一邊在鍵盤上快速飛舞著手指打狀紙，一邊越過電腦螢幕觀察大律師掩飾不住的哀傷，那樣無助的悲愴彷佛感染了整個事務所，我幾乎可以看見圍繞著他的愁雲慘霧，不停地擴散……

到底是怎樣的不幸，竟然讓一個大男人如此沮喪與絕望呢？

那原本只是每天都會發生幾百件的車禍意外。

男人的妻子騎著摩托車行進在擁擠的車陣中，台北上下班尖峰時間機車大軍的壯觀，你我應該都不陌生。

然後，「砰！」的一聲巨響，一堆摩托車撞在一起，她甚至不記得車禍當時的過程，因為在車禍發生那一刻，她立刻陷入了昏迷。

女人醒來後出了院，聽說這起連環車禍中有人因此成了植物人，她慶幸自己逃過一劫。

萬萬沒想到，等在後頭的竟是一張七個月有期徒刑的判決！因為肇事鑑定報告判定，肇事責任在她身上。

「律師，怎麼會有這種事？我們也是被害人，甚至還是被撞的車子。不是說大車撞小車，通常都是大車的責任，後車撞前車通常是後車的責任嗎？」

他不解，更不能接受妻子即將因為一場從天而降的橫禍，鋃鐺入獄。

眼前這對年輕夫妻滿是無助。

他和妻子來找我們時，已經收到一審判決書了，只是他們怎樣都無法接受。收入中下的他們，還要扶養兩個稚子，一個植物人的一生，不是一般小夫妻所能承受的。

「這份鑑定報告結果的確是滿奇怪的。」

大律師細心看完丈夫帶來的卷宗後，也非常納悶，為什麼她騎的機車是被後方車輛撞擊的，肇事責任卻在她身上？只不過，在讀完所有卷證及筆錄之後，他覺得一審的律師也盡力了。

「總之，我們還是試試看吧！不管怎麼樣，都要想辦法不讓太太坐牢吧！」

看到這樣年輕的一對夫妻，將心比心，如果換成是自己的妻子面臨牢獄之災，自己也會盡一切力量拯救她，於是，大律師接下了這個艱難的任務。

然而，在車禍事件的過失傷害刑事告訴案件中，法官對於過失的判斷，幾乎都是直接參照交通事故鑑定報告。說起來，這也是人之常情，法官一年要處理的車禍案件太多了，何必單單為了你一件案子跟鑑定報告過不去，冒著判了也會被上級審改判的風險，還落人口實，更何況，還有拿不到龐大賠償金的被害人家屬等著法官執行公道，若判得太輕了，還可能上報當恐龍法官。

儘管如此，在二審訴訟過程中，大律師還是使盡渾身解數想翻轉鑑定報告，讓法官認同鑑定結果有多不合理。只是最後，我們還是未能力挽狂瀾。

或許，這就是鑑定委員及法官執法對正義的實現？有人負責受傷，有人負責坐牢，這才「公平」。

我還記得判決宣示那天，大律師整晚翻來覆去，無法入睡，心疼夫妻倆即將面對的難題，也心疼孩子們即將面對七個月沒有媽媽的日子。她的丈夫一定很想代替心愛的妻子，經歷這七個月的折騰吧！

這一切，我們卻什麼也無法改變。

大律師難過了很久很久。

她不是罪大惡極的搶劫強盜，也並非違背了任何道德或價值觀，她只是個你、我身邊都有的，單純的年輕家庭主婦，卻得走進牢房，承擔那個不知是否真屬於她的錯誤。

她的丈夫也沒想到一心寵愛的女人，竟然要去一個連他自己都無法想像的黑暗牢籠，而自己卻保護不了她。這段期間，他又該怎麼面對兩個稚子找媽媽的日子？

然而，我們的悲痛又怎麼跟植物人的家屬比擬？

掙扎在情、理、法之間，直到現在，這樣的判決結果仍然令我們矛盾不已。

【法律悄悄話】

⊙發生車禍時，肇事責任如何判定？

通常車禍發生當時，警察到達現場，會先照相並畫下車禍現場事故圖，同時幫雙方當事人製作筆錄，事後也會給當事人車禍事故研析表。

如果雙方當事人之中，有人要提告過失傷害的話，案件就會移送地檢署，由檢察官來偵查。

另一方面，若雙方當事人對車禍肇事責任有疑問的話，可以向檢察官聲請將案件送車輛行車事故鑑定委員會鑑定，鑑定委員會在做出鑑定意見前，會請雙方當事人到場陳述意見，然後做出鑑定報告，通常法院的過失責任就會以這份鑑定報告為準。如果雙方當事人對這份鑑定報告有意見的話，也可以申請覆議。

另外，很多人都不知道，其實車輛除了強制險之外，還能投保「第三責任險」及「超額險」，理賠高額的保險金。如此一來，在大部分的案件中可以讓當事人有機會達成和解，以避免雙方當事人兩敗俱傷。

【話說從頭】

從老闆娘變成律師娘

你永遠也不知道，自己下一步的境遇是什麼。

人生的經歷就像時間的卷軸，還沒圖窮匕現前，你永遠也不知道下一步的境遇是什麼。

我和大律師在大學時期是法律系的同班同學。畢了業之後，也不知道哪根筋不對，居然不務正業地在母校旁，合夥頂了一間百坪大的火鍋店來經營。

當時，很流行無限供應的火烤兩吃，我們的火鍋店天天爆滿，生意非常好做，一開始著實風光了一、兩年，連大學時在律師事務所打工認識的同事上門光顧，都羨慕我們當起了老闆。

店裡客滿時，差不多可以坐一百多位客人。在極盛時期，一個月大約要發出三十幾萬薪水，採購將近五十萬元的食材。我們每天都要跟現金流及採購支出大戰，因為吃到飽餐廳的毛利很低，稍稍不慎，很可能辛苦了一個月卻連店長跟副店長（就是大律師跟我）的薪水也賺不到。

因此，我常常都要找廠商比價跟試吃食材，每天的晚餐就是開個火鍋來試吃新菜色、計算成本，當時，我大概可以背出一百多種火鍋料的名稱，甚至連各家供應商每種火鍋料的每公斤單價都知道。

只是，剛從大學畢業的我，沒學過怎麼看現金流量表及資產負債表，財務方面的知識根本近乎零，只懂得把每天的進項及銷項記錄下來，要經營這樣一家百坪火鍋店真是一大考驗。

當時負責管帳的我一直很難理解，為什麼店裡每天的生意明明這麼好，我們身上的現金卻一直都不多。更糟糕的是，火鍋店的盛況，很快引來了同業的模仿和競爭，最後我們所在的那條街上開滿了各式各樣的火鍋店，而且一家比一家新潮！結果，在抵擋不了列強環伺的狀況下，我們只能黯然將火鍋店頂讓出去，賠了一百多萬元。

剛接下這家火鍋店時，當了幾十年工廠老闆的父親，曾經對我們這兩個二十三歲的小毛頭說：「第一次做生意怎麼可能會賺錢？這是給你們學個經驗而已。」

我是在火鍋店結束營業很多年以後，才瞭解父親當時說這話有多實在，而不只是寵小孩。因此也很佩服，父親在明知我們做生意會賠錢收場的情況下，居然還鼓勵我們去創業！真的是一種深愛孩子的寬容大度。

也正如父親所說，在將近三年的火鍋店老闆、老闆娘的生涯歷練中，我和大律師真的學會了很多送往迎來及人情世故的道理，也算是初步接觸了創業可能遇到的種種困難與問題。在大律師的律師實習生涯結束後，我們能很快就開業成立自己的律師事務所，那段時間的經驗多少有一些幫助。

經營火鍋店那段期間，我的主要工作是擔任收銀櫃檯及外場，需要跟各式各樣的顧客與廠商打交道。很慶幸自己有了這樣的歷練，讓我從一個不善交際的女大學生，學習到很多當老闆娘的手腕。

記得有一次，我們律師事務所有個看似非善類的人走進來，一見只有我跟小助理兩名弱女子，就一屁股坐在門口候客區，叫囂著要我們找人出來「處理」一下。

這時，大律師剛好走出來看到了，立刻跟小助理說：「幫我打三重分局長專線，叫他帶幾個人過來，說吳律師有事要請他幫忙處理。」

小助理愣了一下。我們哪有什麼分局長的專線！不過，有慧根的她很快就心領神會，拿起話筒開始撥打電話，雖然我注意到那時她的手指是在發抖的。

那個男人一看苗頭不對，馬上夾著尾巴一溜煙地跑掉了。

還有一次，事務所的律師們剛好都出去開庭了，我也不在，只有單純的美麗小助理一個人顧家。一對夫妻像凶神惡煞一樣走進事務所，看到空蕩蕩的辦公室，劈頭就質問小助理說：「你們律師呢？我們要來委任律師，怎麼都沒有律師在呢？」

小助理那時還是隻菜鳥，面對凶巴巴的客人，嚇得差點說不出話來，連忙回答：「不好意思，律師都去開庭了，還是我幫你們預約個時間，你們再過來跟律師諮詢好嗎？」

那對夫妻看到小助理嚇成那樣，氣焰更高了，大罵：「有沒有搞錯？律師事務所沒有律師？我們現在就要諮詢，你現在就打電話叫律師回來！」

兩夫妻索性坐下不走了。

小助理拿他們沒辦法，看看時間，律師們都還在開庭，於是電話打到了我這裡。她壓低聲音問我：「你在哪裡？這裡有兩位客人說現在就要見到律師。」聽起來急得快哭了。

我請她簡單地把事情敘述了一遍，過程中還隱約可以聽到那對夫妻在一旁咆哮的聲音。等她吞吞吐吐地說完以後，我請她把電話交給客人聽。

「您好，請問有什麼事情嗎？」

沒等我把話說完，接過電話的太太馬上搶話說：「你是誰？叫律師來講電話！」

我耐著性子回答她：「律師都在開庭，有什麼事可以先跟我說嗎？」

電話那頭馬上傳來一陣叫罵聲：「笑死人了！律師事務所沒有律師，你們跟人家做什麼生意？我們手上可是有一大堆案件要委任，請你派出你們律師團來跟我們談。」

我聽了，立刻一把火燒上來，打斷她像連珠炮的話反問：「這位太太，請問你們有跟律師預約時間嗎？」

她突然為之語塞，略微放低的聲音顯現出心虛。「沒有，我們是剛好經過，想說進來問一下律師，誰知道律師剛好不在。」

「這就對了，沒有跟人家約時間，就擅自闖進人家的辦公室，要人家立刻服務你，還對著無辜的助理咆哮。我告訴你，生意好的律師大部分時間都在開庭，不會整天都待在辦公室等你上門。您那麼急，就去找個沒事情做，整天待在辦公室等你的律師！」

沒想到她氣勢一弱，立刻低頭：「對不起，那你們律師什麼時候有空跟我們碰面？」

哼，遇到欺善怕惡的人，你要比他更凶，才不會被別人當馬騎。

想當年，我剛當火鍋店老闆娘時，也差不多是小助理這個年紀。

有一次，一群學生客進來，但其中一位學生堅持不消費。吃到飽火鍋店靠的就是翻桌率，我提醒他店裡有低消，他一聽，突然用力捶桌子瞪著我說：「叫你們店長出來！」

我從小嬌生慣養的，連父母都很少對我大聲說話，第一次被人家用這麼凶狠的態度對待，只好噙著眼淚，去內場請大律師出來應付。

大律師一出來，先恭敬地對那群男學生說抱歉，影響了他們的用餐情緒，緊接著卻正色對那位男學生說：「如果本餐廳的店內消費方式讓您不滿意，您可以保持修養跟我們反映，也可以選擇拒絕消費，但是對沒有決定權的櫃檯小姐（其實是他馬子）拍桌子咆哮，只代表你的修養不夠。」

說完，更是以其人之道還治其人之身，握拳重擊櫃檯，大聲說：「如果是你的家人在工作時被客人用這種態度對待，你的感想是什麼？雖然是服務生，也應該受到應有的尊重！」

那個男學生想了想，居然走了過來，鞠躬跟我道歉。

物換星移，多年後，我卻變成了一個潑辣的老闆娘。或許這些年來的歷練讓我學會了，不管再怎麼溫和的個性，在應該義正詞嚴、理直氣壯時，也不能退縮，才不會讓惡人仗勢欺人地打蛇隨棍上。

火鍋店雖然一開始場面熱鬧，門庭若市。然而，到了後期生意下滑，即將結束營業時，我們已經請不起幾個員工了，我和大律師只好每天自己親自掃、拖一百多坪的店面，打烊後，還要洗掉廚房裡堆積如山的碗盤。

現在想想，那時居然有那樣無限的精力和體力，連我都很佩服自己。

火鍋店頂讓之後，大律師靈機一動，既然大坪數的餐廳經不起競爭，而且剛結束營業，身上現金不多，我們索性開了一家小型的外帶薯條店，也從此開始了五年多的夜市闖蕩生活。

後來，這個品牌順利開出了二十幾家的加盟店，我們從兩人顧店的小情侶，變成連鎖薯條店的供應商，到現在即使開了律師事務所已經好幾年，偶爾還是會有人打電話來說，要跟「老闆娘」買薯條。

我還記得第一家薯條店剛開幕沒多久，有一次我炸薯條時，不小心把鐵夾子掉進了油鍋裡，近兩百度的炸油一下子濺到了我的手背上，留下了難看的疤痕！當時還二十幾歲又未婚的我，難過了好一陣子，和人互動的時候，常常都把手藏在背後，幸好後來疤痕慢慢淡了，不細看已很難發覺，我才釋懷。

而現在我們做的工作，就是協助當事人讓傷口早日結痂。儘管傷痛仍在，但我相信，疤痕總有一天會變淡。

那段在夜市闖蕩的閱歷，雖然比不上如今律師事務所生活的光鮮亮麗，卻讓我們有機會和各種不同階層的人士，甚至是販夫走卒或江湖大哥往來，也學著跟自己背景完全不同的人打交道。

因此，後來大律師毅然決然跑去參加律師高考，並順利當年錄取，隨即實習開業後，面對形形色色的案件及當事人，我們不僅因為過去的人生閱歷而應付得宜，也能夠在法律面之外，給予策略面和人情面上的建議。事務所的經營也因為多年來創業的歷練，很快地上了軌道。

我一直希望有一天，有機會把這近十年來從小姑娘變成老闆娘，再從老闆娘成長為律師娘的歷程，用文字記錄下來，作為自己一個值得紀念的回憶。

和大律師一起創業的過程中，雖然我號稱老闆娘，其實根本就像是他的特助，舉凡總機、會計、財務、人事、行政、採購、行銷，樣樣都要包辦。以前在大學裡不擅長和人互動的我，甚至還要學著跟夜市攤位旁的江湖大哥話唬爛、搏感情，以免他找我們麻煩。

在家裡當了大小姐二十幾年，都不知道自己有這種全方位的能耐。但也造就在律師事務所的草創時期，大律師忙於開庭之際，辦公室內一切事務，我都能夠一個人得心應手地應付，讓大律師無後顧之憂。

只是，雖然後來事務所陸續請了兩位律師及兩位法務，但是和大律師多年合作的默契使然，深愛我的大律師還是會習慣說：

「老婆，這個我比較放心你做。」

「老婆，這還是你來做比較好。」

唉！猜猜嫁給律師最大的缺點是什麼？

就是鬥嘴永遠鬥不過他。

國家圖書館預行編目資料

說好的幸福呢？——律師娘的愛情辯護／
林靜如著 --初版.--臺北市：寶瓶文化, 2015.7
面； 公分.--(Vision；126)
ISBN 978-986-406-018-4（平裝）

1. 婚姻 2. 兩性關係 3. 通俗作品

544.3 104009827

Vision 126
說好的幸福呢？——律師娘的愛情辯護

作者／林靜如（律師娘）
企劃編輯／丁慧瑋

發行人／張寶琴
社長兼總編輯／朱亞君
主編／張純玲・簡伊玲
編輯／賴逸娟
美術主編／林慧雯
校對／丁慧瑋・陳佩伶・劉素芬・林靜如
業務經理／李婉婷
企劃專員／林歆婕
財務主任／歐素琪 業務專員／林裕翔
出版者／寶瓶文化事業股份有限公司
地址／台北市110信義區基隆路一段180號8樓
電話／(02) 27494988 傳真／(02) 27495072
郵政劃撥／19446403 寶瓶文化事業股份有限公司
印刷廠／世和印製企業有限公司
總經銷／大和書報圖書股份有限公司 電話／(02) 89902588
地址／新北市五股工業區五工五路2號 傳真／(02) 22997900
E-mail／aquarius@udngroup.com

法律顧問／理律法律事務所陳長文律師、蔣大中律師
如有破損或裝訂錯誤，請寄回本公司更換
著作完成日期／二〇一五年三月
初版一刷日期／二〇一五年七月七日
初版六刷日期／二〇一六年八月二十五日

ISBN／978-986-406-018-4
定價／三二〇元

AQUARIUS 寶瓶文化事業

愛書人卡

感謝您熱心的為我們填寫，
對您的意見，我們會認真的加以參考，
希望寶瓶文化推出的每一本書，都能得到您的肯定與永遠的支持。

系列：Vision 126 **書名：說好的幸福呢？——律師娘的愛情辯護**

1. 姓名：＿＿＿＿＿＿＿＿ 性別：□男 □女
2. 生日：＿＿＿年＿＿＿月＿＿＿日
3. 教育程度：□大學以上 □大學 □專科 □高中、高職 □高中職以下
4. 職業：＿＿＿＿＿＿＿＿
5. 聯絡地址：＿＿＿＿＿＿＿＿＿＿＿＿＿＿＿＿＿＿＿＿
   聯絡電話：＿＿＿＿＿＿＿＿ 手機：＿＿＿＿＿＿＿＿
6. E-mail信箱：＿＿＿＿＿＿＿＿＿＿＿＿＿＿
   □同意 □不同意 免費獲得寶瓶文化叢書訊息
7. 購買日期：＿＿＿ 年 ＿＿＿ 月 ＿＿＿日
8. 您得知本書的管道：□報紙／雜誌 □電視／電台 □親友介紹 □逛書店 □網路 □傳單／海報 □廣告 □其他
9. 您在哪裡買到本書：□書店，店名＿＿＿＿＿＿ □劃撥 □現場活動 □贈書 □網路購書，網站名稱：＿＿＿＿＿＿ □其他＿＿＿＿＿＿
10. 對本書的建議：（請填代號 1. 滿意 2. 尚可 3. 再改進，請提供意見）
    內容：＿＿＿＿＿＿＿＿＿＿
    封面：＿＿＿＿＿＿＿＿＿＿
    編排：＿＿＿＿＿＿＿＿＿＿
    其他：＿＿＿＿＿＿＿＿＿＿
    綜合意見：＿＿＿＿＿＿＿＿＿＿＿＿＿＿＿＿＿＿＿＿
11. 希望我們未來出版哪一類的書籍：＿＿＿＿＿＿＿＿＿＿＿＿＿＿

讓文字與書寫的聲音大鳴大放

寶瓶文化事業股份有限公司

（請沿此虛線剪下）

廣　告　回　函
北區郵政管理局登記
證北台字15345號
免貼郵票

寶瓶文化事業股份有限公司　收

110台北市信義區基隆路一段180號8樓

8F,180 KEELUNG RD.,SEC.1,

TAIPEI.(110)TAIWAN R.O.C.

（請沿虛線對折後寄回，或傳真至02-27495072。謝謝）